Monetary Proposals
for Social Reform

by Margaret G. Myers

社会改革のための貨幣上の諸提案

ゲゼル、ソディ、ダグラスの理論と実践

マーガレット・G・マイヤーズ
結城剛志 訳
YUKI Tsuyoshi

Margaret G. Myers

ぱる出版

装幀――――工藤強勝＋勝田亜加里

社会改革のための貨幣上の諸提案

ゲゼル、ソディ、ダグラスの理論と実践

マーガレット・G・マイヤーズ
結城剛志 訳

凡例

一、本書は、Margaret G. Myers. 1940. *Monetary Proposals for Social Reform*. New York: Columbia University Press. の翻訳である。なお訳出に際して副題を付した。

二、文中の傍点は原文がイタリック体であることを示す。

三、〔　〕は訳者の挿入であることを示す。

はしがき

貨幣改革のための諸提案は、そこに含まれているいくつかの明らかな欠陥を考慮すべきと考える公衆のかなりの部分にも受け入れられるようになっている。本書が書かれた目的もここにある。それゆえ、貨幣論の最近の展開を示すだけでなく、提案された改革手法を評価するための基準として役立つ若干の一般的原理をも規定する。

筆者は、本書の執筆に際し有益な助言や批判を頂いたすべての友人と同僚に多くを負っている。なお、ニューヨークのチェース国法銀行の硬貨展示室が図版用原版を惜しみなく提供してくれたことを申し添えておきたい。

一九四〇年五月一日

ヴァッサーカレッジ　マーガレット・G・マイヤーズ

目次

第1章　序　論

マルコ・ポーロが長い旅行を終えて帰国し、彼が大汗国で見聞きした不思議なことを伝えるたくさんの話を披露したときのことである。いつもなら軽々しくだまされる聴衆は、そこで使われていた貨幣に関する彼の話についてはそれまでになく強く非難した。なにしろ、桑の木を剝《は》いで作られた薄い縦長の内皮に価値が記され、汗の璽印が押印されていたものが貨幣だというのだ。この話はマルコ・ポーロの創作に違いないと片づけられてしまった。鋳貨の固い金属の感触に慣れた裕福なベニス市民にとって、ほんの数枚の紙幣と引き換えに価値ある財を手放すような貨幣制度の変更を受入れることはひどく馬鹿げていると誰も信じようとしなかったのである。

世の中にはマルコ・ポーロの時代よりももっと軽々しくだまされる人が増えている。この時代、貨幣制度を変更するという提案がまったく支持者を得ることができない夢物語に見えるわけではない。不況はその度ごとに貨幣改革の新しい方式を実らせる。生産と雇用が高水準で、高い利潤が期待され、好況が持続している間は、批判が金融制度に向けられることはほとんどない。しかし好況が不況に転じ、失業者が巷に溢れるとき、救済策を見つけだそうとする人びとの心の中に希望をもたらす閃きが生まれる。

経済循環

経済循環の問題は新しいものではない。好況と不況の交替は記録に現われるよりもはるか以前から起きていたように思われる。聖書の歴史にみる豊作の七年と不作の七年は、繰り返し現われる中世の飢饉に道を譲り、次の一五〇年間にはいくぶん不規則な間隔をおいて、共同体に容赦なく降りかかる不況が取って代わった。

不況は古くからある問題であるとはいえ、近頃ではより深刻な様相を見せている。労働者の大多数にとって、経済生活の産業化の進展は、生活水準の向上に貢献するものであったが、生計を産業機構の円滑な運行に全面的に依存することにもなり、雇用の減少は彼らに悲劇をもたらすようになった。同時に、国家間の交流が促進され財の交換が増加したことで、各国の相互依存性が強まり、ある国の不況が、原材料を購買する国から完成品を販売する国にまで波及してしまうようになったのである。大多数の労働者の産業機構への依存と、国家間の経済的相互依存関係の深化という二つの特徴が、現代の資本主義的条件の下での景気循環を前資本主義的な時代の不況とは相当に違ったものにしている。それらの時期の間になんらかの類似性があったとはいえないし、また、資本主義体制を完全に取り除く以外にその害悪を緩和するという希望は持ちえなかったのである。

このような問題が長く存在していたにもかかわらず、経済問題を扱った初期の著述家はたいていこの問題を無視し、国民所得のうちどれだけが資本と労働に振り分けられ、またどれだけが土地に振り分けられるのかといった、経済生活のより恒久的な特徴に関心を寄せた。彼らは数世紀にわたる推移の中で期待されるような変化については議論したものの、一〇年ごとに起きるような変化には注意を引くものはないと考えたのである。銀行業に関する文献は、しばしば循環に付随するいくつかの現象の中でも、とくに金流出と外国為替相場の変動について考察したが、それらは周期的な〔景気〕循環からまったく切り離されて取り扱われたのである。

最終的には、外国為替相場の変動と金の運動は、経済活動の全局面を通じた満ち引きよりももっと大きな運動の一部分なのだということが認識された。このような認識になかなか至らなかった背景には統計資料の不足がある。たしかに利子率と為替相場は新聞に掲載されていたし、イングランド銀行は金準備高と顧客の預金残高を公表していた。しかし銀行業の外では、個々の企業が記録を保管していることはあっても、産業全体を俯瞰するような統計は利用できなかった。産業が高い生産水準で稼働しているとき、事実に関する統計資料がほとんどないために、共同体は全体として好況に気づくことができないのである。企業が破産し始め、工場が閉鎖し、労働者が飢え出したときにはじめて、一般大衆は正確な経済状況に気づくのだった。

このような状況の帰結として、景気循環の恐慌局面が過度に注目されるようになり、幸福な局面は無視されることになった。好況期を正常な状態と考えると、恐慌がその有害な作用を通じて正常な状態に復帰させなかったり、経済システムを緩慢にしか回復させなかったりすることがあるので、好況の永続が期待されるようになったのである。

恐慌を説明しようとする初期の試みの多くは、経済活動に対する災害の要因を強調した。災害はあまりにも頻繁に発生し世界を覆っていたので、ほとんどすべての恐慌に先立つ時期に、世界のいずれかの地域で災害を見いだすことができた。災害と恐慌という二つの事象の因果関係が常に鮮明であったわけではないが、戦争と火災と洪水はしばしば生活と繁栄を破壊したため、そこには一定の経済的な影響があるものと思われたのである。しかしながら、統計資料が蓄積されるようになると、災害による説明は次第に満足のいくものではなくなってきた。災害が経済に有害な影響をもたらすということを否定するわけではないが、それにもかかわらず、周期性恐慌の適切な説明を災害に見いだそうとする希望は捨てなければならなくなったのである。

経済循環に関する別種の説明は、事業活動の変化を作物と天候に依存する農業生産の変化に結びつけた。この理論の最も著名な提唱者は、イギリスの経済学者ウィリアム・スタンリー・ジェヴォンズであった。彼は青年期をオーストラリアの天体観測者として過ごし、黒点周期の規則性が天候に与える影響を強く心に留めた。彼はイングランドに戻り経済学の研究に着手したとき、景気変動の期間が以前観測した気象条件の変動期間と酷似していることに気づいた。もし黒点の移動が天候と雨量に影響を与えるならば、それらの要因は農業生産量の変化を説明することになるし、さらには農業人口の購買力をも決定し、消費財の需要を変化させるので、事業活動の一般的な変化をも説明するものとなる。

しかし、この理論が一般に受容されるためにはいくつかの難点がある。一つは周期の長さにかかわるものである。ジェヴォンズははじめ、黒点の平均周期を一一・一一年と計算し、当時比較のために最もよく利用された統計である小麦価格の平均周期を一〇年から一一年とし、両者の相関は十分に有意であるとした。その後、別の統計が利用できるようになり、黒点周期の平均期間と経済循環の平均期間がともに修正され、両者の明白な相関はそれほど強いものではなくなった。近年、統計資料の解析が深められたことで、その資料が一〇年よりももっと短い周期を示唆していることが分かった。ジェヴォンズの息子も経済学者であったが、太陽放射と大気圧が約三・五年の周期を示し、その周期が短期の経済循環の長さにぴったりと一致していることを提示することで父の理論の救済を試みた。

別の困難は、農作物の収穫量の増大がいつも事業収益に結びつくとは限らず、むしろ逆の場合もあるという事実から生じる。収穫量の多い農作物よりも収穫量の少ない農作物の方が利益を生むことがある。なぜなら、後者の高い価格が少ない収穫量を相殺するためである。このようなことは農民にとってはごくありふれた経験である。この事実によって、天候、収穫量、事業の状態の間に直接的な関連性を見いだすことは難しくなる。

ヘンリー・L・ムーア教授は太陽黒点説には満足できない点があることを認めたが、天候と収穫量との間に明確な因果関係があることは間違いないと考え、これらの関連性に確信を持っていた。彼は合衆国中央部の降水量が八年周期であることを発見し、同様に八年周期の金星の相に関連があることを示そうしたのである。

気象学的循環論の重要な貢献は、恐慌を強調し過ぎることなく、循環全体の考察をもたらしたことにある。このような見地からは、満足な理論には景気がなぜ上向き、また景気がなぜ下向くのかということについての説明が、不況期だけでなく好況期にも必要とされるのである。以上の見方は、このテーマについての考察の真の前進を示すものであり、経済理論の一般体系に景気循環を位置づけたのである。

そこから多様な経済的な要因の間の関係が注目されることになった。上述の研究の結果として、多少なりとも規則的で連続的な事象が予想されるようになったのである。株式市場の相場における第一の系列では、最高点に到達するとその後下落し始めたが、卸売物価指数や銑鉄生産のような第二の系列ではまだ上昇し続けていた。しかもこの第二系列は、第三の系列が上昇し続けている間にピークに達し、そして下落し始めたのである。ニューヨーク市における商業手形の割引率と、銀行貸付と預金の利子率は、ニューヨーク証券取引所の株価が下落し始めた後で、一年にわたって上がり続けていた。しかしそうなるまでは、利子率のピークが平均株価の以前のピークの後に遅れてやってくるのか、平均株価の次のピークの前に先行しているのかはまったく明らかではなかった。系列間の関連性の複雑さが、この問題にアプローチすることでいっそう明瞭になったのである。

管理手法の探求

農学的または気象学的循環論は管理のための視点をまったく提供しなかった。太陽黒点や金星の相の影響に対抗して人類がなしうることは何もないようにみえた。しかし、もし循環の基礎的原因がもっと地球上の何事かであるならば、管理手段を発見することができるかもしれない。あらゆる統計的系列の組み合わせの中に、もし安定化させることができるならば全系列に安定をもたらす一つの系列、残りのすべての指針として役立つ一つの脈絡を見つけられるかもしれない。

鍵となる一つの系列の探究は実に多様な理論を導き、それぞれの提唱者によって展開され熱心に擁護された。あるグループは、鉄鋼業における周期的変動が他の産業に先駆けて起きると考え、鉄鋼業の本源的な重要性を強調した。そこでの変動がはじめに起こることから、それはあらゆる他産業の変動の原因であると見なされ、もっと一般的な原因の単なる前兆なのではないと考えられた。このような場合には、鉄鋼業の強制的な安定化が他産業の変動を防ぎ、同時に景気循環をも回避するだろう。類似の主張は、鉄鋼業とほとんど同じ早さで変動が現れる建設業でもなされた。管理の実験という観点にとっては不幸なことであるが、両産業は巨大であまりにも広範に分布しているので、どのような管理にも抵抗してしまう。それゆえ、これらの理論を実験によって反証し得なかったとはいえ、景気循環の継続的な研究は他の兆候を強調するものに移行しつつあった。

多くの改革論者の熱意は貨幣制度に集中している。景気循環に伴う価格変動は最も明瞭な兆候の一つである。それは消費者が買わなければならない諸商品の価格水準に直接依存する消費者の実質所得に影響を及ぼす。それは原材料と完成品の物価の動向に依存する実業家の利潤と事業の行方にも影響を及ぼす。とくに物価下落は多くの利害関係者に損失をもたらし、失業と困窮を随伴する傾向がある。

それゆえ、貨幣制度への攻撃はしばしば安定貨幣の要求のかたちをとる。いいかえれば、一般物価水準が変わらないという意味で価値が安定している貨幣の要求である。この要求は、物価が変わらなければ、景気循環を引き起こす他の構成要素は変化しないという仮説に基づき、そういってよければ、景気循環の「問題」は解決されるだろうというものである。価格変動は、もっと深部で起きている経済的調整の失敗の前兆であるというよりも、むしろ他の変動の原因であるとみなされる。このようないくつかの改革計画の考察をもっと明瞭に表明するものとして、価格変動が他の変動の原因だといわれることがあるが、それを信じる理由はどこにもないし、価格水準の安定化が経済生活の一般的安定化をもたらすだろうと信じる理由もない。事実、一般物価の安定化がひどく深刻な調整の失敗を一時的に隠蔽するかもしれず、それは予期されず、準備されてもいないため、さらに深刻な結果を招くことになるのである。

貨幣制度に対する別の攻撃は、より多くの貨幣、あるいは安価な貨幣の要求というかたちをとる。これは部分的には低い資本利子率の要求であり、また他の部分としては労働大衆のより高い実質所得の要求でもある。したがって、それは利子率が高く、いまだに困難な生存条件の下にあるばかりか、むしろ過酷な、不安定な新興諸国で典型的である。そのような要求に基礎をおく政治的扇動の波がアメリカの政治的舞台に次々と押し寄せた。絶えず開拓される新しい土地を開発するための資本金の需要が利子率を高く維持していた。ヨーロッパの投資家が多額の株と債権を購買していたにもかかわらず、貸付資金は借入を希望する農家の必要を満たすには決して十分ではなかった。新しい農場の設備だけではなく、しばしば農場それ自体が借入資金によって買い求めなければならなかったため、資金需要は大きかった。そして農民は、借入費用という重い負債を抱えて極めて不安定な事業を開始したのである。

重い負債を抱えた平均的な農民は、低い利子率だけでなく、物価の下落を食い止め、さらには安定的な物価上昇をもたらすような貨幣政策を要求した。農場を固定契約で抵当に入れていたため、他のどんな事柄よりも、僅かな農産物価格の上昇であっても、より少ない作物での債務返済が可能になり、家族が消費するための作物をより多く残すことができた。

債権者は専ら都市部の商人と金融業者であったが、債務者は主に農業者であったため、債務者と債権者の間にはっきりとした亀裂が広がった。この亀裂に沿って政治的に分裂することはほとんど避けられなかったといえよう。都市部の団体は産業力で勝っていたものの、農業団体は一八九〇年頃まで数で勝っていた。一八一一年の第一合衆国銀行の約款改定の失敗、第二合衆国銀行に対するジャクソンの成功裏の戦いと一八三〇年代の約款改定の失敗、そして、グリーンバックの大量発行による南北戦争の資金調達は、地方の有権者たちが金融独占の権力と考えるものに対して、ともに立ち上がり見せつけた強さの証のすべてである。

南北戦争後に物価は下落し始め、全人口に占める地方人口の比率も低下したため、この戦いはいっそう苦しいものとなった。チープマネーの一団は流通からのグリーンバックの回収を止めさせることに成功したが、一八七九年以降は金兌換を容認せざるを得なくなった。銀ドルの鋳造を停止させる一八七三年の法律で兌換がうまく回避されていたことを思い知らされたのである。しかし、彼らは自分たちの力を結集し、銀の自由鋳造のキャンペーンを張った。これは一八九六年に劇的な頂点を迎えた。そのときブライアンはクリーヴランドを拒否した民主党によって大統領候補に選出されたのである。しかし、一九〇〇年の金本位法によって、ブライアンの二つのキャンペーンは民主党にとって完全な失敗に終わった。もっとも、それも大戦後までのことであった。新たな世代の勃興が、チープマネーの支持者たちに、彼らの大義にふさわしい立法化を確実なものとするための十分な力の再結集を可能にしたのである。

一九三三年五月の農業調整法に対するトーマスの改正案は、連邦準備当局に、三〇億ドルの不換紙幣の発行権を保証するか、三〇億ドルの政府債券の購入を認めるか、あるいは両方をともに保証するものであり、これはインフレーションの道を拓くものであるが、幸いにも実施されなかった。しかし、こうした方向へ向かう動きを妨げた状況もインフレを求める団体の一部にあった魅力的な信条をいささかも変えるものではなかった。しかし実際には、事業環境はそれなくしても十分に改善されたのである。

一九三三年以降の急激な金流入というもう一つの状況がインフレーションの勧告によって容認された権力の行使を挫折に追いやった。この動きは、大統領に金価格を引き上げる権限を付与するトーマスの改正案の別の条項がもたらした結果の一部でもあった。金一オンスにつき三五ドルを支払うという合衆国財務省の意向は、ほとんどのヨーロッパ諸国の不安定な状態と相俟って、アメリカの高関税がヨーロッパの債務者によるアメリカの財に対する債務の支払いを困難にしたり不可能にしたりした。そのため、ほんの数年のうちに、世界中の貨幣用の金ストックの大部分を合衆国に流入させることになった。この金の量は、膨大な信用拡張の潜在的基礎となり、三〇億ドルのグリーンバックの発行を色あせさせたのである。

同じ時期に、合衆国財務省は、こうした金の購入に加えて、農業連合の支持を背景にして、銀産出地域から押しつけられた法律の下に銀の購入を要求された。インフレ主義者の勝利は幻想だったのである。

アメリカのチープマネーブロックの成功理由の一つは、もちろん貨幣権力に対立する位置にあったどのグループにとってもそうであるが、貸金業に対する古くからの偏見にある。聖書もアリストテレスも貸金業について軽蔑して語っている。キリストは両替商を教会から追い出した。アリストテレスは、賢明にも、貨幣は実りをもたらさず、また自己再生的でもないのだから、利子の支払いは自然に反し、不正義であると述べていた。このような貸付の性格についての議論の余地なく明白な事実によって、中世ではキリスト教徒が貸金業に従事することや高利を容認しないことがまったく正しいことだと感じられていたのである。

困窮したり不幸に見舞われたりしている個人に対する貸付に限っていえば、それなりに正当なものであると受け止められていた。しかし事業会社が絶えず拡大する分野に進出するような場合には、一個人や数人の小グループが供給できる資本金よりも多くの資金が要求された。そこで、高利の禁止からうまく逃れる方法を見つけることが必要になり、また同時に、事業に必要な資金を引き寄せる手段を見いだすことも必要になったのである。驚くべき発明の才が発揮されて、海運に投資された資本利益率を表す「ボトムリ」〔冒険貸借〕のような、利子の同義語が編み出された。

事業会社の形態を取った企業の発展は、既に死につつあった理屈に最期の一撃を加えた。そして本質上類似しているあらゆる形態の利子を承認するよう迫ったのである。企業の株式に支払われる配当金は、それらの企業が輸出業務に従事しているか、製造業に従事しているかにかかわらず、資本金の使用に支払われる点で同種のものである。これらの支払いは企業の必要性から正当化されるので、忌まわしい高利という言葉はこうしたことに用いられなくなり、この形態での利子は恥ずべきものではなくなったのである。

しかしながら、この新しい体面は、貸付が私人によるか銀行によるかにかかわらず、個人に対する貸付の報酬にまで広がることはなかった。一九世紀に入ると、アングロサクソン世界のほとんどの地域に存在した「高利禁止法」が貸付の料金である利子率に上限を設定していたものの、企業株式の配当率は規制できないでいた。実際に、高利禁止法は調査費や手数料といった色々な名目で回避された。この法が保護しようとした困窮に喘ぐ人びとは、信頼のおける貸し手から融資を断られ、高利貸しや法の規制の及ばない資金提供者の手中に落ちてしまい、ほとんどなんの利益も受け取らなかった。他方、恐慌のときに銀行は利子率を上げられなかったため、信用を必要とする企業がしばしばそれを得ることができず、しかも僅かな一時的支援がなかったことで破産したこともあり、事業家に対する信用の拡大を強いられたのである。

高利禁止法は、妥当性のない有害なものになっていったので、貪欲な貸し手から救いのない借り手を保護するためには、各種の利子率に一つの上限を設けるよりも何か別の方法で救済する方がよいということになった。対人担保に基づいて個人の借り手に対してなされる貸付は別の分類に入れられ、そのうえで、標準的な貸し手が事業の継続を厭わないよう、法定上限金利はかなりの高率に設定されたので、この種別の貸付に伴う非常に高い費用を補うことができるようになった。こうした動きは、高利貸しの足下からその拠って立つ地盤を切り離し、小規模な借り手に実質的利益をもたらしたのである。

小規模な個人向け融資のための別カテゴリーの創設は、固有の基盤に立脚し、貸付資金の需要と供給によって規制される自由な商業貸付を残した。商業上の借り手は保護を必要としない。彼らが望んでいるのは自分たちが支払うことができると考える価格で融資を受ける機会なのである。しかし、こうした商業銀行の原理の一般的な受容は、高利に根強く結びついた恥辱を銀行事業から完全に拭い去ってはいない。一般に、低い物価よりも高い物価を好ましいととらえる人びとでさえ、高い利子率は純然たる悪徳であると見なし、低い利子率は純粋な天恵と見なしているのである。

貨幣の使用を回避する試み

貨幣に対する偏見は、貨幣と結びついていると見なされた悪徳を避けようとの願望の下に、貨幣の使用を回避しようとする多くの試みを生みだしてきた。原始キリスト教徒や最近の共産主義者がこうした関心を抱いている。カトリックの修道院の体制は、全体として非常に豊かであったのに、個々の構成員には清貧の美徳を強調した。一九世紀の半共産主義的コロニーは、宗教を完全には否定していない場合にはその多くは不可知論であり、こうした関心事では教会の指導に従った。彼らは貨幣の使用を禁じることはほとんどなかったけれども、その重要性を最小限に止めようとしたり、自分たちの生活秩序の非商業的価値を強調したりする傾向にあったのである。オネイダ・コミュニティのようないくつかのコロニーは、最終的には高い利潤をあげる冒険的事業体に変質したが、このことは共同体の本来の精神が失われたことをはっきりと示している。

このようなコロニーの別のグループでは、労働切符ないし労働証明書の形態で貨幣に代わるものを見いだそうとする努力が払われた。この努力は、商品の真の価値はその生産に費やされた労働時間に起因し、唯一正当な交換の基礎は、交換される対象物に対象化された時間の量であるという理論に基づいてなされた。この理論の最も洗練された姿が、一九世紀後半に刊行されたマルクスの『資本論』の中に現われているが、それは現在に至るまで通用しており、経済学者たちでさえ時折これを承認するほどである。一八四八年革命後のフランスでは、ルイ・ブランが提案した作業所で、すべての支払いが労働切符で行われ、あらゆる財が労働時間を基準に交換されるという原理に基づいて運営されるはずであった。

一九一七年以降、幾人かのロシア革命の初期の指導者たちは貨幣に関して同様の見解を持っていた。彼らは革命後の数年間に支配的であった金融の無政府性を歓迎した。なぜなら、彼らは貨幣という観念に強い不信感を持っており、財の分配に別の方法を適用しようとしたからである。しかし、流通手段にいくらかの秩序が確立されないと生産機構がうまく機能しないことがすぐに明らかになった。そこで、一時的な交換単位としてチェルヴォニッツが採用された。国家によって発行されたこの紙幣は段階的に引き揚げられ、ついには国中で使用されるルーブルが新たに発行し始められた。このとき以来、ロシア政府は、資本主義政府が考慮していると思われる、交換される財の量に比例した適切な流通貨幣量を維持することに強い関心を持つようになり、物価水準が突然に変更されるということはなくなった。

共産主義政府にとって、所得に支払われた額とこの所得を使って購買しうる最終消費財に要求される額との間に均衡が存在することは極めて重要なことである。共産主義の下でも、この調節は、費用を変えるか、賃金率を変えるかして達成されうるが、どちらの場合でも繊細な操作になり、簡単に行き過ぎが生まれてしまうので、反対方向への再調整が必要になってしまう。労働者の所得が購買可能な財に釣り合う額を上回るときには、不満と投機への傾向が生まれるであろう。労働者の所得が購買しなければならない必需品の額を下回るときには、不満はもっとはっきりしたものになるだろう。共産主義政府でさえ、こうした要因を長い間無視できないでいるのである。

本質的な経済均衡

共産主義社会における産業統制の問題は、他のどの社会にもある統制の問題と多くの点で類似している。賃金、原材料、燃料等への現金支出ばかりか、産業における資本設備の使用に係る実質的な費用をも含む原価計算方式が不可欠である。もしこれらが明示的な費用として総額に算入されないならば、その産業は数年のうちに設備を使い古してしまうことになるし、その更新のためにいかなる資金も利用できないこととなる。消費者価格がこのような不完全な費用を基準に決められているのだとすれば、この産業が供給する特定の財の消費者は、事実上、補助金を受け取っていることになる。

費用を下回る価格によって、この産業の生産物の使用が促進されることに社会的な重要性があると見なされるのであれば、費用に応じた価格を設定しないということには確かな理由が存在しうる。しかし、こうした場合にさえ、他の産業から剰余金を受け取ることで補塡されなければならない補助金の本当の額を計算し、費用に賦課するためには、真の費用が分かっているということが、やはり重要である。郵便事業はいくつかの国で、公共政策の対象として、書籍及び新聞の配付を奨励するため、費用以下で運用されている。その不足分は他産業に対する課税や消費者にとっての財の費用を増加させることになる関税によって埋め合わされなければならない。もし費用と販売価格の差を補塡すべきこのような理由がなければ、共産主義社会の財は、資本主義社会の財と同じように、すべての生産費用を補塡する価格で販売されなければならない。

これと同じ均衡が非共産主義社会においても、価格システムの作用を通じて達成される。最新の分析では、あらゆる費用がそれを受け取る受領者の個人所得の形態をとる。費用が賃金、地代、資本利子のいずれの形態をとるかにかかわらず、最終的な受領者である個人としての労働者、地主、貸し手が常に存在している。どんな費用であっても、税や広告費でさえ、これら三形態の一つに分解される。それゆえ、どの生産期間をとっても、社会集団を構成する個々人の所得はその集団に提供されるすべての財の生産に要した費用と等しくなるであろう。一般に、財の価格は費用を補塡しなければならないが、そうでなければ、生産者は事業から手を引いてしまうだろう。販売価格が生産費用以下になりうるのは、短期の例外的なことなのである。

他方、販売価格が生産費用を上回るような場合は、利潤は最終的に産業の所有者に支払われ、個人の所得となる。このような支払いにはラグが生じうるが、費用として支払われた額と個人の所得として受領された額との間にはいかなる永続的な不均衡も存在しえない。もっとも深刻なラグは貨幣価値の変化から発生するものであり、たとえば、価格が低いときに購入された原材料が製品化され、価格が高いときに販売されるとか、あるいはその逆のような場合である。しかし、いずれのケースも、価格の変化は結局のところある水準から別の水準に回帰する。多くの場合、価格上昇期に発生した利潤は価格下落期の損失に変わる。

価格システムは経済均衡に向かって作用する主要な力ではあるけれども、価格の変化の原因を特定するのはいつも容易であるわけではない。二種類の一組になった力があらゆる商品の価格に作用している。これらはときには補強し合い、ときには反発し合っている。はじめに、各商品の需要と供給を決定する特別な状況がある。市場に対する供給は生産費用に大きく依存している。これらは、賃金率、利子率、原材料費、技術の切替といった変化に伴って変わるだろうから、相当に変化しうる。多くの工業製品の場合は、産出高が増加するにつれて生産費用は減少する。なぜなら、総費用のかなりの部分が機械やその他の資本設備によって構成されているためである。これらの固定費に割り当てられる単位数が増えるにつれて、単位当たりの費用は低下する。自動車はこの種の商品のよい例であり、少量しか生産しない場合は非常に費用がかかるが、大量に生産する場合は相対的に低い費用で生産することができる。反対は金属のような商品が該当する。その採掘は、より高価な装置を使い、よりいっそうの時間と労力を費やして、要するに費用を増加させて、より深部に掘り進めることによってのみ増やすことができるためである。

他方、商品に対する需要もまた、ファッションが変化するように、あるいは技術がよりよい製品を提供するように、変化すべきものである。いまでは、電灯が低価格で利用できるようになり、消費者はもはやガス灯や灯油ランプに支払っていた価格を支払おうとはしない。以前の価格で販売されていたガスや灯油の量は大幅に減少したのである。特定の商品の需要と供給に対して働く力の結果として、ある商品の価格は、他のすべての商品価格が変わらない場合でさえ、顕著に変化しうるのである。

特定の商品に働く固有の力に加えて、市場にあるすべての商品に多かれ少なかれ影響を与えている別の力の組み合わせがある。このうちの主要なものは購買力の大きさの変化であり、この大きさは、貨幣の流通速度と信用の変化、あるいはその他の要因の変化に比例して相殺されるということはない。一七世紀の南アメリカにおける金と銀の発見はヨーロッパのほぼすべての商品価格を引き上げたと考えられている。そこでは新しい金属が貨幣として流通に投ぜられたのである。もっと小さな規模では、一八四八年にカリフォルニアで発見された金、そして一九〇〇年以降は南アフリカから流入してきた金が価格水準を押し上げた。

特定の商品に影響を与える諸要因と結合しながら、こうした一般的な力が作用しているとき、価格変動に反映される力は、しばしば一般的な力よりも特殊な力に帰せられるけれども、実際は複合的なものであるだろう。たとえば、戦時には、課税によるよりも借入で戦費を賄う国では、あらゆる商品の価格が上昇する傾向にあるが、なにか特定の商品価格の上昇は、利潤を手に入れるために市場への供給を控える投機家の行動に、しばしば帰せられるものである。このようなことが起こる一つの原因は、政府が、日頃から物価水準の上昇に対する責任を避けようとしていることにある。

指数

各商品の価格に作用している力が結合し、また、商品価格が互いに影響し合っていることから、所与の期間における実際の価格変動は広範囲にわたっている。いくつかの事例では、あらゆる要因が同一方向に価格を押し上げ、別の事例では、需要減少のような一つの要因の影響が一般的なインフレーションによって相殺されることがある。それにもかかわらず、たいていの場合、一般的要因の影響を、個々の価格変化の平均をとることで見分けていくことができる。

こうした平均は、通常、指数として参照される。価格変化を計ろうとする最初の試みは極めて粗雑であった。継続的な時価の変化が利用できる商品の短いリストが作成され、第一年の価格が総計され、第二年以降の価格総計と比較された。この方法を僅かに改良して、最新年の総計が第一年または基準年に対する比率に変えられた。この方法のいくつかの欠点がすぐに明らかとなった。一番重要なのは、価格総額における変化が、その総額によって価格変化の方向と比率が判断されることで、ほとんど時価が与えられた商品の単位次第になってしまうことである。たとえば、一トンの銑鉄は大きな単位であり、その価格は相対的に高い。一ブッシェルの小麦はより小さな単位であり、一トンの鉄に比べてその価格は低い。一ポンドの砂糖はもっと小さな単位であり、その価格は一トンの鉄に比べれば取るに足らないものであり、一ブッシェルの小麦と比べても小さな数字である。とはいっても、小麦は、非工業的な共同体において銑鉄よりもはるかに重要な商品であり、いくらかの共同体における砂糖は小麦と同じくらい重要なものである。参照される価格の単位のでたらめな加重は、満足できるものではないことがあまりにも明白であったので、多くの研究がこうした観点から指数技法の改善に努力したのである。最も満足できる解決法は、各価格に、たとえば一年という所与の期間に交換された商品量を乗じるというものである。この方法を使うことで、参照される価格の単位は指数の決定になんの影響も与えなくなったし、交換された総価値額は同じものとなった。たとえば、一ポンド当たりの砂糖価格にはそのポンド数を乗じ、一トン当たりの砂糖価格にはそのトン数を乗じるのである。所与の年に交換された総価値額は別の年の合計額と比較された。そして各年の合計額は基準年の合計額に対する比率に変換されたのである。こうしたタイプの指数は、その作られ方から集計的手法として知られている。

最良の計算方法という技術的な問題と密接に関連して、指数の作成に最も適した時価の種類という問題がある。物価は、原材料、卸売商品、小売商品のように異なるレベルに存在していると捉えられる。原材料物価は卸売物価よりも変動しやすい傾向があるし、卸売物価は消費者物価よりも変動する傾向がある。それゆえ、原材料物価に基づいた指数は極めて敏感であり、他の種別の物価指数より大きくかつ広い範囲での変動を示す。一定の目的では、原材料物価の指数は、とくにそれが他の指数に先駆けて変動するために、極めて有用である。それゆえ後に、卸売物価及び小売物価において予測される変化に光が当てられることになるのである。

小売物価はひとたびそれが確立されると変化に抵抗を示し、卸売物価や原材料物価ほどには変動しないものである。こうした理由から、指数にとってはよい材料を提供すると考えられているが、そこには指数に利用するのをとても難しくしている、いくつかの不都合な点がある。小売の財は多様性に富んでいる。卸売業者から仕入れた同種商品は多くの小売業者によって包装や提供の仕方などを変えられて、実に様々な状態で販売される。それゆえ、小売品の価格は卸売品ほどには標準化されておらず、特定の共同体における特定の商品の価格を構成するのは何かというのは難しい問題である。たとえば、じゃがいもの価格について、念入りに選ばれたじゃがいもがセロファンの袋で販売されている住宅地にある高級店の価格を採用すべきなのか、あるいは茶色い紙袋で販売されている工業地区の店の価格を採用すべきなのか。小売価格を扱うことの難しさは、購買範囲が限定されている特定の所得集団の生計費を指数的に測定することに限定して使用する方向に向かわせている。

もっと一般的に利用される指数は、たいてい卸売物価に基づいている。代表的な価格参照商品を見つける問題が完全になくなるわけではないが、少なくはなっている。近年は、指数に含まれる価格の数がかなり広範な範囲の商品にわたって増やされる傾向にあり、より重要な商品については複数の等級で含まれている。現代の産業国家では、このような指数の計算は政府機関によって行われ、収集した価格と指数での取扱いが詳細に公表されている。こうした公式の指数は注意深く計算された卸売価格の平均値の他にはどのようなごまかしもしないので、「一般物価水準」を計る最良の方法をめぐる論争を回避しているのである。

貨幣価値

一般物価水準のなんらかの尺度を見つけだそうという課題は、一般に、物価と反比例の関係にある貨幣価値を決定するものの探求である。ほとんどの貨幣価値の定式は、流通中か、現金残高としてか、あるいは所得としての貨幣量と銀行預金の合計と、これらの貨幣量で支払われた取引量との間の比率に依拠している。これらの取引は、原材料、卸売り、小売流通といった異なる地平で実行される。彼ら〔取引主体〕は、多くの場合、銀行信用の利用を通じて、自ら支払手段を創造する。しかも、貨幣と銀行預金を使って実行される総取引量には、賃金、地代、配当の支払いが含まれるため、とりわけ計ることが難しい。これらの諸項目の満足な尺度に一番近いアプローチは、恐らく国民所得の算定である。他の多くの国々ではそうではないとしても、いまでは合衆国統計局から定期的に公表されているためである。

この主題の研究が進むにつれて、貨幣価値についての単純な定式化は、どれも不完全で満足のいかないものであること、また他のどの商品の価値とも同じように、貨幣の価値が、貨幣金属を含む各商品を単位として、あらゆる商品の交換価値を表現するほぼ無数の連立方程式の解としてのみ正確に記述されうることが明らかになってきた。このような場合には、「一般物価水準」の指数を計算する試みは恐らく意味のないことになる。

しかしながら、貨幣価値を計る方法についての実際的また理論的な困難は、ある共同体で利用できる購買力の額、取引量、および一般物価水準の間にある一般的な関係の記述の信頼を損ねるものではない。論理的な推論および歴史的な証拠の双方から、購買力の大きさの有意な増加には、なんらかの要因によって打ち消されなければ、目に見える物価上昇が伴うことが知られている。このことは貨幣量の増加が物価上昇の原因であると教条的に述べることとはまったく違っている。貨幣の流通速度が変わらず、また取引量も変わらない場合にそうなる傾向があるのだが、他の要因に変化がなければ、物価の上昇が、流通貨幣量を増加させる傾向があるということもまた真理なのである。要するに、この関係は循環しているのである。

諸要因間の相互作用が〔貨幣〕数量論の支持者によってほとんど認識されないのは、流通貨幣量の変化の結果に落とし込むという教条的な判断を持ち込む傾向があるためである。たとえば彼らは、政府財政のためになされる紙幣発行と銀行の信用創造による戦費調達はほぼ確実に物価上昇に帰着するのだと指摘する立派な役回りを演じてきたのである。こうしたことがいえるのは、他の要因が重要ではないためではなく、他の要因がこのような方法で増大した交換手段の影響を相殺するように作用する蓋然性がほとんど存在しないためである。しかしながら、まったく異なった条件下でも、このことが同様に正しいだろうと主張することはできないし、不況期における購買力の大きさの強制的な増加が物価を上昇させるともいえないので、それが事業を刺激し好況に復帰させると主張することもできない。不況の底にあって、現金または銀行預金の増加が流通速度の低下によって相殺されるということは確かにありそうなことではあるが、それで価格水準が上昇するということはないだろうし、むしろ下落し続けるかもしれないのである。

貨幣改革の計画

ほとんどの経済変動が遅かれ早かれ財とサービスの価格に反映されるということから、貨幣こそが経済的困難の根源であり、貨幣に対して何事かがなされるだけで、その他のあらゆる困難が解決されると結論づけるのは、根拠のない安易な発想である。実に多くの事例の中で、素朴なインフレーションを提案するその「何事か」において、異なるのは流通に貨幣を投じる技術だけである。ドイツだけでも、一九二九年の恐慌に続く三年間で、一二万件にも上る計画が公衆の前に提起されたといわれる。

この種の提案はまったくといってよいほど、その定式化を刺激した特定の不況を生き延びることができなかった。

貨幣改革に関するほんの僅かな提案が、その真の目的を隠すような間接的かつ洗練された方法でインフレーションを準備した。その他の提案は過去の経験を無視して現行の貨幣制度と銀行制度の変更を提案した。このような提案は、しばしば、一つの不況から次の不況にかけて生き延び、素朴なインフレーションを擁護するものよりも反駁しがたく、もっともらしかったからである。

いくつかの理由から詳細な分析をするために、ゲゼル、ソディ、ダグラスによる三つの計画を取り上げよう。第一に、この三者は、多くの競合相手に比べて大衆的支持を得るという点ではるかに卓越している。ゲゼルの思想は英語圏とドイツ語圏のほとんどの地域に広がった組織の基礎となっている。ソディの思想は合衆国で影響力のある集団によって採用されている。ダグラスの計画は大英帝国の各地の政党の綱領である。近年の他のどの貨幣改革家も、これらの三者ほどには広範な大衆的支持を獲得することに成功してはいない。

第二に、これら三つの計画のどれもがいまに至るまで、時の経過という試練をくぐり抜け、数度の不況を通過してきた。ゲゼルの思想は四〇年もの間、公衆の前に提示されているし、ソディとダグラスの思想も約二〇年間にわたり受け入れられている。ほとんどの類似の計画がはかないものであっただけに、このこと自体が我々の注意を十分に引きつけるものなのである。

これら三つの計画を選んだ第三の理由は、それらが互いにかなり違っているということである。紙幣が金属と同様に適切に役立ちうるということの発見にかけたゲゼルの情熱は、その国と時代を象徴している。ソディは、紙幣を自明のことと見なし、銀行信用を紙幣の水準に保つことに主な関心を向けている。ダグラスは流通手段の問題にはまったく関心を示さず、信用制度を当然のものとしたうえで、この制度の技術的な細目にはなんの変更も加えずに、自身の目標に沿って進路を変えさせようとした。

三者の計画には重大な相違が存在するけれども、よく似ている点もいくつかある。彼らはおしなべて、購買力の大きさは、通貨と銀行預金の額のなんらかの集権的な管理方式によって統制できると見なしている。三者の中では、ゲゼルだけが、通貨の流通速度と銀行預金の重要性を考慮していたが、それでも総量よりは重要性の点で劣ると信じている。

また彼らは一様に、購買力の大きさが経済システムの支配的要因であり、購買力の大きさが管理されさえすれば、その他のすべての要因はこれに追従すると仮定している。そして最後に、彼らは皆、物価上昇は物価下落よりも望ましいものであると見なしているのである。この点でゲゼルは三者のうちで最も目立っており、いかなる条件の下でも、物価下落を嘆かわしいものであると考えている。ソディはどのような価格の運動であっても望ましくないとしているが、物価上昇よりも物価下落の方がより危険であるとみている。ダグラスは、生産者の立場から見てあまりに低い物価をもたらす現行の銀行制度を非難しているが、もし物価下落が発生しても自分の方式の下ではなお強みがあるとしている。

彼らの政治理論が広範な領域を包含しているにもかかわらず、三者のうち誰一人として社会主義者ではない。ゲゼルは事業や生産に介入するどのような政府にも強く反対したし、晩年には次第に理想的な無政府形態を好むようになった。そこでは「母親同盟」が地代を集め、貨幣制度を管理し、その他のいかなる政治組織も必要ではなくなるとされたのである。社会主義に対するソディの反対はゲゼルのように遠慮のないものではなかった。貨幣制度と銀行制度が矯正されて制度化されるならば、もはやいかなる改革も必要ではなくなり、社会主義が勧奨されることもなくなるであろうと信じていたのである。ダグラスは両者よりもはるかに厳しく社会主義の提案を批判している。彼の著作の一般的傾向は反労働党である。三者の政治信条における幅広さは重要である。なぜなら、貨幣制度こそが経済的福祉における最も重要なただ一つの要因であり、交換手段が満足に供給されるならば、政府の形態がどうであるかはたいした問題ではないためである。

第2章　シルビオ・ゲゼルとスタンプ貨幣の提案

一九三〇年にシルビオ・ゲゼルが死去したとき、彼の名前はドイツとスイス以外ではほとんど知られていなかった。また彼の思想は、デーリングが行ったような貨幣論の概説の中でおざなりに扱われるという程度でのみ経済文献に現れただけであった。[1] しかし彼の死後、長い年月を経て、彼の名前と著作は次第に知られるようになってきている。彼がスイスで創設した自由経済同盟に倣った組織がヨーロッパのほとんどの国で設立されており、とくに中央ヨーロッパのドイツ語圏では勢力を保っている。オーストラリア、カナダ、アルゼンチン、またイングランドや合衆国にも、ゲゼルの計画を支持する団体がある。英語圏の団体の中心は、テキサス州のサンアントニオの自由経済出版社で、同社はゲゼルの著作の翻訳と月刊誌『自由経済』を刊行している。

このような大衆的な支持に加えて、ゲゼルの思想はイングランドや合衆国やドイツの経済学者たちに真剣に検討されている。とくに、貨幣の支出を強制し、一定期日ごとにすべての通貨にスタンプ〔収入印紙〕を貼るよう所有者に要求することで退蔵に罰則を科すという彼の貨幣改革計画についてはそうである。ゲゼルの自由貨幣は英語では通常「スタンプ貨幣」という用語に訳される。ジョン・メイナード・ケインズは『雇用・利子および貨幣の一般理論』の中で、数ページを「風変わりで、不等に無視された預言者、シルビオ・ゲゼル」に充てている。ケインズはゲゼルが貨幣のいくつかの側面を無視したとして批判したが、そうした欠陥にもかかわらず、「スタンプ貨幣の背後にある考え方は信頼できる」し、「将来の人々はマルクスの精神よりもゲゼルの精神により多くを学ぶであろう」と結論づけている。[2] 合衆国では、いつも貨幣改革の提案を厚遇するアーヴィング・フィッシャー教授が一九三三年に『スタンプ代用紙幣』と題した小冊子を刊行し、そこで不況対策としてゲゼルの計画を採用するように勧めている。この計画は、僅かな共同体で限定的なかたちで試みられたが、バンクホリデーが作りだした緊急事態を生き延びられなかった。[3]

ゲゼルの思想はこうした運動の基本原理となったが、その彼は一八六二年に、ルクセンブルクとの国境近くのドイツのザンクト・フィートで、ドイツ人の父とフランス人の母の子として生まれた。この家族は不自由のない環境で暮らしていたとみられるが、ゲゼルが若い頃に大学教育を受けたという記録はない。一八八七年、ゲゼルは、兄弟がドイツで製造した光学機器を販売するためにアルゼンチンに送られた。彼はそこで別の事業にも関心を持ち、ついには時間の一部を割いて紙箱工場を始めた。

ゲゼルがアルゼンチンに到着したのは、この国のうまく管理されていない金融と不十分な貨幣制度によって深刻化させられ、一八九〇年代にようやく終わる長く厳しい不況が始まろうとしていた時期であった。貧困と失業が蔓延し、さらに彼が商人として諸々の困難に直面したことで真剣に経済問題を考えるようになったのである。ゲゼルは、幅広く経済文献を読んでいたわけではなかったが、不況の主な原因は、貨幣の退蔵によって十分な速度で流通しないことにあるという結論にすぐに辿り着いた。この着想は一八九一年に書かれたパンフレット『社会国家への架け橋となる貨幣制度改革』に定式化された。このとき彼はまだ三〇歳にもなっていなかった。そこには土地改革計画と彼が残りの人生を捧げたスタンプ貨幣の企画が含まれていた。このようにして目覚めた関心から、彼は経済学者の諸著作を読み始め、アダム・スミス、シュバリエ、ルロワ・ボーリュー、マルクス、ロリアを研究した(4)。ゲゼルは、所有権の重要性と財の損耗可能性を無視しているとして彼らを批判し、文献の精読を通じて、自身の見解を変更する必要はまったくないということを理解したのである。

ゲゼルは一九一一年までアルゼンチンに留まった。このときまでに、彼の事業は不況の影響から立ち直り、十分な財産を築き上げていた。その後スイスへに隠棲して、そこで執筆と自由土地・自由貨幣同盟の組織化に専念した。一九一九年、短期間ではあったが、彼は隠棲の地から積極的な政治活動のために姿を現した。バイエルンの統制権を獲得した社会主義政府がゲゼルを財務大臣に招請すると、彼は、スタンプ貨幣計画を実施する機会が得られるものと期待してその職務を受諾した。しかし彼は、自分の計画に関する声明を出すだけの時間を持つことなく、社会主義政府は共産主義者によって転覆されてしまった。ゲゼルは共産主義者と合意できないことを直ちに悟り、そして執務室から放逐された。共産主義者とのかかわりは短期間に過ぎなかったが、ゲゼルにとっては生命をかけたものになった。数週間後、今度は共産主義者が民族主義政府によって転覆されたとき、彼は叛逆罪に問われたからである。彼は共産主義的信念についての潔白を証明できたので無罪となり、スイスに戻った。そして自分の改革のために語り、また書き続けたが、再び改革を実行する機会が訪れることはなかった。

ゲゼルは自分の計画のためには社会主義者だけでなく共産主義者とさえ協力しようとしたけれども、彼らの教義とは根本的に対立していた。ゲゼルは、私的なイニシアティブは進歩にとって不可欠であるから、政府による生産手段の所有は私企業の死を意味すると信じていた。彼が社会主義者や共産主義者と一致できた唯一の点は、個人所得の源泉としての地代と利子に反対したことであった。ゲゼル自身「不労所得」という表現を使っている。彼の土地改革計画は地代を一掃し、貨幣の計画は利潤を一掃するだろう。とはいえ、利潤に関する彼の用語法は完全には一貫していない。ゲゼルは利潤を、彼が廃止しようとしている投機家の不労増加分を含意するだけでなく、「経営者の賃金」と呼ばれるものまで包含する用語として使用しているためである。後者のタイプの「利潤」は、費用を補塡する公正な利益を生産者に保証し、事業継続を刺激するためにゲゼルが認めているものである。ゲゼルは、改革がこのタイプの利潤追求を取り巻くあらゆる障害を除去し、それによって私的なイニシアティブが奨励されるだろうと信じていた。同時に、彼の計画は企業家以外があげる利潤を除去するであろう。この方法で、社会主義のあらゆる利点がその欠点を伴わずに実現されるだろうとゲゼルは考えたのである。消費者には財が豊富に供給され、労働者には雇用が保障され、商人には商品の市場が約束されるであろう。ゲゼルの精神にとってはこのような経済秩序こそが「自然」であったが、それは自然の産物として自生的に現れるからだけではなく、それが正当なエゴイズムに導かれた人間本性に合致していて、最も効率的な人間の生存を可能にするためでもある。これは「自分自身で責任を負い、かつ、他者の統制から自由な人格の理念、いうなれば、シラーやシュティルナー、ニーチェ、ランダウアーの理念である[5]」。自由貨幣と自由土地の計画、または「自由貨幣と自由土地」の結合は、英語圏の支持者が「自由経済」と簡略にいっているものであるが、これにはいくぶん雑多な先行者が存在していた。

ゲゼルの著作の大部分は貨幣改革計画に費やされている。これは彼の自由貨幣またはスタンプ貨幣の計画である。ゲゼルは、もしいくらかの貨幣が生産期間に財の生産者に分配され、売買が省かれるか一時的にせよ支出が控えられるかすれば、貨幣供給は財供給を下回り、そうして財は市場に過剰に供給され、一連の経済的害悪が発生するであろうと信じていた。この着想を進めて、ゲゼルは財供給の性質と貨幣供給の性質との冗長な比較を行うことになるのである。

財の供給

ゲゼルによれば、財の所有者は貨幣の所有者に比べて圧倒的に不利である。なぜなら、貨幣がその価値を失うことなく無制限に保有しうるのに対して、財は市場に出されると劣化するからである。この財の腐朽性と貨幣の耐久性との対照はゲゼルの理論において重要な役割を果たしており、価格変化、失業、景気循環の説明の基礎として使われている。

財の腐朽性はその本性に属するものである。いちごを販売する農家や、腕いっぱいに新聞を抱えた新聞売りは、見込み客と取引できる立場にないし、需要が増えて自分の商品によい値が付くのを待つこともできない。ゲゼルの議論のほとんどが農産物を例に記述されているが、この供給物は、農家が次の年の所得を稼ぐために既に生産しているものである。生産者が、よい値が付くのを待ってこのような財を市場に出さずにおくとしたら、「錆、湿気、腐敗、熱、低温、破損、鼠、虫食い、蝿、蜘蛛、挨、風、雷、雹、地震、伝染病、事故、洪水、盗賊」が「商品の数量と品質に対して絶え間なく巧み

に襲いかかる」結果として、それらの価値は下落するであろう。(6)

この損失額にはいくつかの見積りがある。あるときゲゼルは、商品一般について語り、年五パーセントという数字を示している。別のときには、スイス政府の小麦備蓄について、年間の損失を一〇パーセントと述べている。これらの見積りは何も権威づけられてはいないものの、その使用法からいって、これらの数値が事実を正確に提示することを目的にしているわけではなく、年間の週数に近づけ、通貨への貼付を容易にするために、五〇分割を簡単に行うための値が示されているということは、いかにもありそうなことである。(7)財の減価が、現在または将来の価格にかかわらず、強制的に市場に出されることを説明する十分な速さでなければならないというゲゼルのスタンプ貨幣を支持する議論をさらに進める必要があるため、減価率を「五～一〇パーセント」または「かなり高め」に設定することで満足し、そのままにしている。(8)

商品の性質に関する議論は全体を通じて極めて非現実的である。第一に、商品の種類を、相対的な腐朽性に基づいて区別しようとしていない。この議論の中で、ゲゼルの挿絵はより壊れ易く、傷み易い財が描かれており、腐敗しない宝石のような財については何も言及していない。後段の利子章の註で、彼は次のようなことを付け加えて、この議論に限定を設けている。「商品は、もちろん異なった率ででではあるが、しかし、宝石、真珠、貴金属といった、いくつかの重要でない例外を除いて腐敗する。あらゆる商品は腐敗するのである」。(9)また彼は、実際は経時的に価値が増加するワインや古い絵画のような財についても言及していない。

第二に、商品価値に対する消費者需要の影響が不十分な方法で扱われている。商品に対する需要はその価値を根本的に変更してしまうくらいに変化させうるし、またこの変化は、倉庫に数ヶ月間商品を保管したことによる価値の減少に、重要性においてははるかに勝っている。ゲゼルは、商品には何か本質的なものが内在しているとする古くさい価値の観念からまったく自由になれなかったために、このことを認識することができなかった。彼は一八九一年に書いたはじめての著作で、財の「実質価値」は価格とは異なる何事かであると語っており、明らかに実質価値を決定する生産費用のようなものを念頭においていた。価格は、生産費用に加えて、不当な利潤の要素を含むものと捉えられた(10)。経済学研究に従事した次の六年間に、彼は需要と供給の関係に基づく現代的な価値論をものにした。このことは、彼に金本位制を攻撃するための武器を提供したので(11)、後期の著作に収められた価値論の論考では価値が商品に内在していないことを指摘し、既に何度も否定された「社会的必要労働時間」に基礎づけられたマルクス価値論を拒否することにさえ骨を折っている。ゲゼルは、価格決定における需要と供給の重要性について一貫して繰り返し述べているとはいえ、財が販売されるまで倉庫に保管されている間にどのようにして価値を失うのかという議論は、彼自身が信用しなくなり放棄した古くさい内在的価値の分析という観点から導かれている。ゲゼルは、財の腐朽性を論じる際に、主題とされる劣化が不可避的に財の価値と価格を減じ、したがって生産者に損失をもたらすはずだということをいつも仮定している。もし彼の価値論が一貫していたならば、一定の条件下では、商品供給の減少がその価値を高め、単位当たりの価格上昇をもたらし、生産者がその全産出物を当初の価格で販売するよりも多くの利潤を得ることになる、ということを認めざるを得なかったであろう。多くの独占家が優位性を見いだすこのような状況は珍しいことではない。しかしゲゼルは、新しい価値論を確かに受け入れてはいるけれども、彼がそれ以前に到達した商品についての結論に対する含意を受け入れることはなかった。実際、この含意が、貨幣改革の提案が依拠している貨幣と財を関連づける彼の理論全体を侵食してしまうために、あえて受け入れようとはしなかったのである。ゲゼルはこの価値論を受け入れていると述べたが、商品の腐朽性が価値に与える破滅的な影響を強調し続けたし、彼の体系の中で対立する二つの観念を決して調和させることはなかった。この不整合こそが彼の著作に横たわる最も重大な誤りの一つである。

第三に、価格に対する財の腐朽性の影響について議論する際に、ゲゼルは、価格が生産者に十分報いないときには、市場にもたらされる商品の供給が調整されたり制限されたりする可能性を考察しなかった。彼はいつも市場への財の供給が一定かつ不変であるかのように語っている。彼は、長期的には、供給が、人口の増加、分業、技術の変化という要因の影響を受けることを認めてはいるけれども、短期的に供給が変化する可能性については言及していない[12]。ところで、供給が不変のストックであるということは、農産物のような一定の商品種類についてのみいうことができる。こうした生産物は、次年度の供給も含めて、年に一度きりの季節に生産されたり収穫されたりするので、販売可能な量は次の収穫年まで増加させることができず、通常、この期間より長く保持しておくこともできない[13]。しかし、ほぼすべての工業製品および多くの農産物は、供給が固定された商品に分類されることはない。これらは多かれ少なかれ決まった流れで市場にもたらされ、この流れは需要と価格の条件を考慮して調整されるのである。価格があまりに早く下落するようであれば、この流れは遅められるであろうし、価格が上昇するようであれば、この流れは速められる。これが価格システムを通じた正常な経済調節過程である。くわえて、ゲゼルは、財の供給が、市場の条件を考慮することなく生産され、価格への影響を勘案せずに市場に投入されると仮定している。供給が変更されうるという可能性を認めてしまうと、彼の体系に、彼の分析力では扱いきれない複雑さが入り込んでしまうため、この可能性を理論の本体に組み込もうとすることもなく不都合な事実に目を閉ざしてしまうのである。

貨幣の供給

ゲゼルは、傷み易く急速に減価する財の供給と、耐久的な素材からできているために、所有者に損失を負わせることなくいつまでも市場に出さないでおくことができる貨幣の供給とを鋭く対立させる。ここでの貨幣は「通貨」という限定された意味で用いられる。こうした特徴が、ゲゼルが危険で社会的に望ましくないとみた価値保蔵機能を貨幣に付与し、さらには流通手段機能をも付加するのである。貨幣の供給が財の需要を構成するため、生産者または商人からなる財の所有者は貨幣の所有者と比べて極めて不利な立場にある。貨幣は価値の影響を被ることがないので無期限に市場から引き揚げておけるが、財は市場に投げ出されなければならず、さもなければ劣化してしまうだろう。人々はいつも何かしらの貯蓄をしており、貨幣と比べると市場には財が過剰になる傾向があるため、貨幣の貯蓄は商品の貯蔵よりもずっと容易である。

まるでこれがまったく深刻でないかのように、ゲゼルは、貨幣の供給を増加させることなく、財の供給または貨幣への需要を増加させる傾向のある他の要因を列挙している。土地の分割は、占有者に対して土地所有者への貨幣地代の支払いを要求する。分業の発展が財の交換過程をもたらし、そのことが貨幣支払総額を増大させる。生産技術の改善によって、財の生産に先立つ機械の購買が必要になる。そして、輸送手段の増加と人口の増加が貨幣需要を増加させるすべての要因であり、したがってそれらの要因が財の所有者と比較したときの貨幣の所有者の優位性を高めるのである。(14)

反対の方向に作用する諸要因は、貨幣需要を減少させるか、財供給を増加させる傾向にあるので、ほとんど重要性を持たないものとして即座に排除される。ゲゼルは商業銀行とその業務内容についていくらかの経験を持っていたにもかかわらず、現代の経済生活で通貨の使用を減少させる傾向を持つ主要因としての信用の利用についての議論はまったく不適切である。彼が実務家だった若き日の経歴を通じて親しんだアルゼンチンの金融制度はあまり発展していなかったとはいえ、晩年に通じるようになるドイツとスイスの銀行制度はかなり高度に発展していたのである。

銀行信用は、通貨と同程度に財への需要における重要な要因であるが、それが購買力の一形態であるということをゲゼルは決して認めない。彼は、貨幣という用語をいつも通貨の同義語という最も狭い意味で用いている。流通貨幣量の物価への影響についての議論では、消費に利用される銀行預金額にまったく関連づけられることなく、通貨という用語が用られている。商業銀行の消費者への貸付によって解放される新しい購買力にも言及されずに、新しい貨幣は、金生産の増加か、政府の印刷機から創造されるのだと断言される。貸付資本家のみが他の誰かが貸付けていた流通貨幣を引き揚げるのだから、貨幣の貸し手の間に競争は存在しえないと断定するとき、彼は、銀行貸付が購買力を増加させうるということさえも間接的に否定している。(15)くわえてゲゼルは、信用という用語を、ある商人の他の商人への信用供与に言及するときに使用している。もちろん、信用の形成が通貨需要を減少させるというのはまったく正しい。しかし、銀行によって与えられる信用の規模と比べると、それはほとんど重要ではない。貨幣の競争相手の一つに数えられる為替手形でさえも銀行に言及することなく述べられている。まるで為替手形が、ある商人から他の商人に振り出される商業手形によって独立に成り立っているようだ。

ほとんどの取引の支払手段を構成している銀行小切手について、ゲゼルは、それは通貨と比べて効率的でも便利でもないという奇妙な立場を取っている。彼は自分が想像した銀行員にこう言わせている。

世紀の愚行……小切手は現金と比べると実に扱いにくい支払手段だ。色々な手続き上の理由からそのように言うことができる。現金化は決まった場所でなされなければならないし、支払いの安全性は引受人と銀行の支払能力に依存している。小切手は進歩のしるしと考えられているというのに！……誰も小切手が入った小包を私たち銀行員に押しつけることをためらわない。私たちは、長い記入欄に分割された額を合算し総額を書き留めることができるだけである。貨幣の勘定が児戯に等しいことと比べるとうんざりする作業である。(16)

このいくぶん感情的な記述は、疑いもなくゲゼルの小切手への正当な懸念によるものであった。ほとんどの商業上の支払いが小切手によって行われるならば、ゲゼルによって提案されたスタンプ貨幣は無駄なものになるだろう。[17] 彼は決してこのことを認めなかったけれども、承服しなければならなかったのである。

ゲゼルが、購買力の形態として重要ではないと銀行信用を退け、すべての力点を通貨に置いたのは、本当の目的がスタンプ方式で意図した管理に対応できるような通貨の形態にあったためである。この方向性における第一手は貨幣素材としての金に対する攻撃であった。金の量は可変的で管理が難しいために、金は通貨の目的にそぐわないと明言された。金生産は毎年変動し、一国の金保有量は輸出に依存し、国内の貨幣需要が大きいときにはしばしば使い尽くされた。産業と工芸での金の使用は貨幣として利用できる量をしばしば減少させた。このように、貨幣金の総ストックは貨幣の必要性とは関係のない不規則な変動の影響を受けるのである。

次の一手は、紙幣が、金通貨よりもよいものではないとしても、まったく同じ程度に役立つということの証明であった。この目的に沿って、ゲゼルは経済文献の研究から学んだ価値論を引き合いに出している。ゲゼルがそれを十分には消化していないにもかかわらず、ここでの価値論の使われ方が彼の執着心を説明している。[18] もし価値が内在的なものではなく、供給と需要の関係に依存しているのなら、貨幣価値は貨幣を造るための素材に依存しているのではないので、その素材は廉価性と利便性によって選択することができる。この点で彼の思考は同時代の貨幣理論家たちの線に沿うものであった。そして、彼らは商品と同様に貨幣にも内在的な価値があるという理論を少しずつ克服していったのである。[19] しかしゲゼルは、貨幣の諸断片が、価格それ自身にはなんの影響も与えない数、または単なる価格切符に過ぎないという過激な理論家たちの見解に同意することはなかった。

ゲゼルの立場は、貨幣の流通速度の重要性をとくに強調し、貨幣の代替物の重要性をほとんど無視しているという点で、〔貨幣〕数量論だということができるかもしれない。彼は、流通速度を強調することで、自身が数量論と対立する立場にあると信じているようにみえる。『自然的経済秩序』には、貨幣価値についての最も洗練された議論が含まれている。それは「未熟な数量論が貨幣に適用されるとなぜ誤るのか」という一節である。この記述から、彼が数量論を相関関係の言説ではなく因果関係の言説と考えていたことは明らかである。

数量論には取るに足らない諸制限があるものの、貨幣に対応させられているあらゆる商品に妥当している。貨幣の価格は貨幣のストックによって決定されるといわれている。しかし経験は、貨幣の供給が、数量論のこうした言説が仮定するような貨幣のストックに依存していないことを示している。貨幣のストックが変化していなくても、しばしば貨幣の供給が大きく変動することがある。……もし金が他の生産物のように腐敗するなら、貨幣の供給はいつも貨幣のストックと正確に一致するだろう。……シュパンダウの金やワシントンの銀のような生産物の価格は、数十年にわたって保管してもほとんど減価することがない。本質的に必要ではないが人間の判断に依存して供給される生産物の価格は、風のように気まぐれで計り知れないものである。そのような生産物の価格は経済法則を知らない。数量論と生産費論はこのことを無視している。供給は単に利潤によって決定されるのである。[20]

流通速度を強調することで、ゲゼルは貨幣支出について道徳的な態度を取るようになる。貨幣所有者の最初の義務はそれを支出することである。彼がそれを支出せずに「退蔵」するのは不運な財の所有者の犠牲によって利益を獲得しようとする利己的な欲望によって動機づけられているとみなされる。投資の意味での貯蓄は許容されるが[21]、銀行券や鋳貨をマットレスやウールのストッキングに隠し込むような貯蓄は、社会に対する犯罪であった。貨幣の機能は流通手段に厳格に制限されるべきであり、そして価値保蔵に役立てられてはならないのであった。この点でゲゼルはまったく教条的であった。

貨幣の目的は、交換を完遂するために、貨幣を伴う生産物の購買が直ちに続くべき、貨幣に対する生産物の販売を要求する。誰かが購買をためらうと交換が完遂されないままになり、他の生産者への販売を中断させてしまう。これこそが貨幣の誤用である。……貨幣を純粋に流通手段とする国家は貯蓄者にこう述べる。あなたは買った以上に商品を売った。そうすることで、貨幣の剰余を持っている。この剰余はどのような環境下にあっても市場に持ち帰り商品と交換されなければならない。貨幣は安楽椅子ではない。それは路傍の一時休憩所である。もしあなたが個人的に商品を必要としていないのなら、為替手形、約束手形、不動産担保証券などを、商品を必要としているが貨幣を持たない個人から購買することができる。……国家は商品の輸送のために道路を建設し、商品の交換のために通貨を供給する。国家はのろのろと走る牛車によって混雑した通りの通行を妨げてはならず、貨幣の退蔵によって交換を遅滞させたり中断させたりするべきではないと主張する。このような無分別は懲罰を招く[22]。

ゲゼルは貨幣の支出について言及する際に「直ちに」とはどれくらいの速さなのかを決して明らかにしていない。彼の目的は物価を維持するために貨幣の流通を強制することである。その際、彼は財を上回る購買力を持つことになんの危険もない範囲で財と物価の間のギャップを考えているようである。彼が最も恐れたのは物価の下落であったが、物価上昇の危険性は彼には思いもよらないことであり重要ではないように思われたのである。彼は、物価上昇が債務者を助けるのと同時に債権者を害するということに気づいたため、インフレーションを直接的に擁護することはなかった。物価安定が彼にとっての理想状態であるが、物価下落に向かう一定の傾向があるために、物価上昇を導く抜本的な改革によって、下落傾向に対抗している。

ゲゼルの利子と資本の理論

スタンプ貨幣の提案を基礎づけるために、ゲゼルは、利子が純粋に貨幣現象であるとする利子論を提起している。この推論によれば、利子は物々交換経済には存在しえない。貨幣がないところでは、財の所有者は、もし財が貸し出されず保管されていたとしたら錆や腐敗に襲われていたであろうが、貸し出される場合には、そのような腐敗にさらされていない同じ財の新鮮なストックで将来に受け取ることができるため、なんのプレミアムもなしに非常に喜んで剰余ストックを貸し出すだろう。貨幣の導入に伴って、貨幣所有者は、劣化や腐敗による損失を被ることなく貸付を断ることができるようになるので、財所有者に対する大きな優位性を獲得する。このことが貨幣の使用からプレミアムを引き出すのである。このプレミアムこそが利子の源泉である。この貨幣に付加される利子がゲゼルの用語で「基礎」利子と呼ばれるものである。それが貨幣の貸し手に支払われる純粋な貢租である。なぜならそれは、彼が提供するなんらかのサービスに対してではなく、単にそれが支払われなければ貨幣の貸出をやめてしまうという理由で支払われるからである。「貨幣利子は、商業の経路に障害物を設置する資本家活動への支払いである[23]」。

そして、貨幣の貸し手の間の競争が基礎利子率を引き下げるということはまったくない。そのような競争は実際には存在していないためである。

競争はここでは不可能である。貸付のために提供された貨幣が、資本家によって現在の流通から引き揚げられるならば、資本家は、この貨幣の貸付によって、それを引き揚げることで掘った穴を埋めるだけである。

たとえばアラスカの新しい金鉱のように、貸付に提供される貨幣が新しい貨幣であるときでさえ、基礎利子率は低落しないばかりか、むしろ物価を引き上げることのみに役立つだろう。したがって貸付に対する需要を増加させるだろう。「金の発見や紙幣の発行による流通貨幣量の増加は、利子率下落の原因であるだけでなく、実際には上昇の原因でもある[24]」。

貨幣権力を打ち破り基礎利子率を低下させる唯一の競争は、物々交換や皆が自分のために生産することで交換量が減少するような原始的生産形態への回帰や為替手形の利用といった、交換の他の形態の利用である。このことはゲゼルが実際の通貨の貸付を貨幣貸付と想定していたということと、銀行信用における利子率から明確に区別されたこのような購買力の具体的形態の利子率を考察していたということを示している。

基礎利子は貸付に対する利子ではない。商品と貨幣の交換とそこで取り立てられた貢租には貸付と共通するものは何もない……基礎利子は、貨幣と、為替手形、物々交換、原始的生産といった交換手段としての貨幣の代替物との間の効率性の差に一致する。どれほど多額であろうとも、貸付貨幣の提供がこの差をなくしてしまうことはないし、その提供は基礎利子に依存している。(25)

事実、ゲゼルは、銀行が利子の形態で為替手形の割引時に行う「控除」を考慮していない。為替手形を使って販売された商品もまた貨幣に対する利子・貢租を免れている。そして高い利子率は為替手形をもっと広範に使用するように促す。もっとも、為替手形は貨幣のように安全でも便利でもない。多くの場合でそれは貨幣にまったく代替することができないということは、それが控除されるとはいえ、しばしば銀行で貨幣と交換・割引されているという事実からも明らかである。

この割引率と利子率の関係は、たとえば為替手形に課される重い印紙税のような、高い割引率が手形の使用を抑制し、貨幣需要を増加させるかもしれないということに過ぎない。「為替手形に課される印紙税が重くなればなるほど、競争相手への要求が高まり、要するに、利子率が高められるのである」。反対に、「貨幣利子は、鉄道料金の上昇が運河の利用に影響を与えるように、為替手形の使用に影響する……貨幣〔利子率〕が〇パーセントになるとそれは消滅するだろう」[26]。

基礎利子率が上述した諸要因との競争によって決定されるので、ヴィクセルの「貨幣利子〔率〕の上限は下限でもある」という表現を借用してはいないけれども、もし基礎利子〔率〕が下落するなら、それを再び引き上げようとする力が働き、それが上昇するときには、競争する他の要因がそれを引き下げるようとする力が働くために、ゲゼルが明らかに正常点と考えた位置からほとんど変動し得ないのである。

貨幣は商品の生産費用に加算されるサービスの価格として社会から貢租を取り立てるのだから、住宅や工場のような同様の利益が保証されない実物資本には、誰も自身の貨幣を投資しようとしないことは明らかである。それゆえ、基礎利子率は「あらゆる形態の実物資本の利子が変動するときの均衡点」を形成する実物資本の利子率を決定する[27]。実物資本の利子率はいつまでも基礎利子率の上下に留まっているということはない。もしそれが基礎利子率を下回るところまで下落するなら、資本財の減価は「現在の実物資本利子が、必然的に以前の実物資本の需給関係を再確立するような基礎利子の水準に到達するまで、貨幣はいかなる新規の実物資本の生産も許容しないという状況」に結びついている[28]。他方で、実物利子率が基礎利子率を上回るところまで上昇するなら、高い利子率のために、増加した資本家の所得から新しい貯蓄が溢れ出て、再びその率を押し下げるだろう。

しかし、基礎利子も実物資本の利子も資金の借り手が市場で実際に支払っている利子率に一致しない。何も限定されずに使用されたときの「利子率」は、通常、基礎利子に加えて、「利子に関連しない構成要素」を含んでいる(29)。これらの構成要素は、リスクに対する保険と「騰貴プレミアム」または価格上昇期待からの利潤分配である。このプレミアムは期待による上昇の程度に依存し、急速なインフレーションの時期にはかなりの高さに達するだろう。反対に、物価下落の時期には、「利子率」は「純粋な資本利子」とリスク・プレミアムから構成されるだろう。この言説の脚註で、ゲゼルは、物価下落期の利子率は年間の物価下落を減じた純粋な資本利子から構成されることを付け加えている。

このことに関連して(30)、ゲゼルは利子率の歴史的な動向について、戦争や物価上昇期には一〇〜一五パーセントという一時的な率になるものの、古代ローマの時代から四〜六パーセントの間で推移する傾向にあった、という趣旨の簡潔な説明を行っている。一八五〇〜九〇年の期間の価格変動と利子率については詳細な表が与えられている。この表は、国および統計の典拠が示されていないとはいえ、高位点と下位点の二系列の間に明らかな平行関係が示されている。あらゆる証拠は、純粋な利子が固定値であること、すなわち、決して三パーセント以下に下落することはないし四〜五パーセントを超えて上昇することもなく、そして、利子率の変動は基礎利子の変動のために起こるのではなく、むしろリスク要因を増加させる物価変動によって起こる、ということを証明するものであるとされている。

利子と資本についての説明が全体を通じていわんとすることは、ひとたび貨幣制度が貨幣の基礎利子を廃絶するような方法で変革されるならば、実物資本の利子率は次第にゼロに近づくように低下するだろうということである。これがスタンプ貨幣を要求する最も重要な利点の一つである。スタンプ貨幣制度下の無慈悲な減価が流通を強制的に速めて、商店の棚を一掃してしまうばかりか、利子の支払いをも廃絶してしまうだろう。貨幣のかたちで貯蓄をしたいと望む個人は、貨幣を金庫の中にしまい込んでおいたり、商品に投資したりする場合に発生する価値損失を被ることなく、借入額の表面価値を支払う意思のある借り手を容易に見つけることができるだろう。彼らは利子要求を考慮しなくてもよいのである。

ゲゼルは、貨幣利子の廃絶が実物資本利子の廃絶に直ちに帰結することを要求していない。むしろ、この結論は、基礎利子が実物利子の変動の均衡点であるという彼の理論から引き出されるものと考えられる。ゲゼルの要求は、実物利子がスタンプ貨幣の新制度の下で貨幣利子のくびきから解き放たれ、他の諸価値と同様に需要と供給の法則によって決定されるようになることである。さしあたり、実物資本の利子率はほとんど変化しないだろうが、貨幣の流通速度が速まることで、生産過程も速度を上げ、新たな資本財の供給がいっそう急速に増大するだろう。同時に、かつての借り手は今では投資目的の自己資金を容易に貯蓄することができるので、貸付資金に対する需要は減少するだろう。実物利子率はこのような状況下では下落するはずであるし、ときにはゼロになることもありうる。

ゲゼルは、利子率がゼロに下落した後でさえ、たとえば、それを使用する各労働者の生産性が二倍になるほどに効率的な新しいエンジンの発明によって創造される突然の資金需要が、貸付に対する利子賦課額を再び引き上げることになるかもしれないということを認めなければならなかった。しかし彼は、このようにして生み出された生産性の向上が資本財供給の増加をもたらすであろうから、その利用に対するプレミアムはすぐに獲得できなくなり、利子率は再びゼロに下落するだろうと想定している。これを認めることで、ゲゼルは事実上自らの利子論を放棄したのである。もしスタンプ貨幣の導入後の利子が資本財の需要と供給によって決定されるならば、どうしてそれがスタンプ貨幣の導入以前から同じ要因によって決定されないのだろうか。ゲゼルは決してこのような疑問に答えようとしていないし、自身が陥っていた論理的な難点に気づくことはなかった。もし実物資本の利子がスタンプ貨幣計画の一定の条件下で存立しうるならば、利子が純粋に貨幣的な現象ではないということが容認されなければならないし、これまでの議論の全体が放棄されなければならないのである。

こうした弱点があるにもかかわらず、ゲゼルは自らの改革方式のこうした側面に特別な希望を見いだしている。彼は多くの箇所で利子に対する道徳的な非難を持ち出し、中世の神学者を思い起こさせている。

しばしば貸付は、貧困、苦境、過重債務を意味している。そしてそれは、要求されたものをいつでも一度に支払えるわけではないことを意味している。現金で支払えないために信用で買う者は、割増価格のかたちで利子を支払う。しかし、農民が貨幣と交換するために貨車一台分の肥えた豚を運ぶとき、そこには貧困も苦境も負債の重荷さえもない。貸し手は自らの余剰を与え、借り手は必要のゆえに受け取る。(31)

ここでは、生産者が自らの事業の利潤から貸付の価格を快く支払うような事業目的の貸付よりも、消費目的の貸付が強調されている。別の箇所で、ゲゼルは、商品在庫を積み増すために借入を行う商人の事例について簡潔に考察している。ところが彼は、個人や小規模な集団が備えることができるよりも多くの資本を必要とし、生産力を増大させて大量の財を低価格で生み出すために、数万人から借り入れる現代の大企業の事例をまったく考察しない。ゲゼルの分析は、ほとんどの借り手が信用というよりも慈善を必要としているような相対的に原始的な経済の水準に留まっている。

ゲゼルの資本論は利子論に密接に関連している。彼は決して資本の完全な定義を与えていないけれども、「住宅、工場、機械等々」からなる「実物資本」と、彼が「基礎資本」と好んで呼ぶ貨幣資本を区別している。このような区別にもかかわらず、実物資本の資本としての地位、つまり、利子を支配する力は、基礎資本が利子を支配するという事実に依存している。

いわゆる実物資本は、したがって「実物」以上の何ものかである。貨幣のみが真の実物資本であり、基礎資本である。他のあらゆる資本としての物は現存する貨幣形態の特徴に完全に依存している。それらは貨幣の創造物である。それらは貴族の称号と資本の資格を貨幣から拝領する。労働者が新しく家を建てることを禁止する特権が貨幣から剝奪されると、労働者と実物資本の間にある貨幣という障壁が取り除かれるので、そのような物の供給が、その物の資本としての特徴を喪失させるところまで増加するだろう。(32)

ゲゼルは、手持ち現金または貯蓄銀行預金の観点からも貨幣または基礎資本を考察している。そこではなんと、資本形成は資本家階級の貯蓄に大部分を依存しているにもかかわらず、この貯蓄は利子率に依存しないし、利子が支払われるか否かにも依存していないといわれている。なぜなら、資本家の「自己保存衝動と子どもたちの未来を保証しなければならないという現実がある」ためである。

利子が上昇するとき、資本家は貯蓄することができる。利子が下落すると、彼らは貯蓄しなければならない。もちろん、最初の事例の貯蓄額は、第二の事例よりも大きくなるだろう。しかし、利子の決定にとってこの事実の重要性を限定するものではない(33)。

貯蓄するときに利子は必要ではないという議論に決着をつけるために、ゲゼルは次のように付言している。

貯蓄は利子の誘因がなくとも至る所で本性的に実行されている。蜂とマーモットは、彼らの貯蔵庫には利子が付かず敵も多いのに貯蓄する。原始的な人々は、彼らの間で利子が知られていないのに貯蓄する。どうして文明的な人間が別の行動を取らなければならないのだろうか(34)。

この結論をもって、ゲゼルは資本の議論を終わらせることに満足してしまう。銀行信用の支援によって新しい資本が形成される可能性については何も触れられない。それればかりか、貯蓄の主な動機として、ゲゼルによって列挙された個人の考察にはかかわらない大企業の貯蓄についてもまったく言及がないのである。

景気循環

ゲゼルは、利子と同様に景気循環を、悪い貨幣制度に完全に起因する現象として、そして彼の貨幣改革が適用されたときには消滅するものとしてみている。彼の景気に関する全理論は『自然的経済秩序』には滅多にみられないほどの簡潔なパラグラフに要約されている。

恐慌、つまり、市場の停滞、失業、そしてこれに伴う諸現象は、物価が下落しているときのみに考えられる。

物価の下落には三つの原因がある。

一、金の生産条件が商品供給に見合った貨幣供給（需要）を許さないためである。

二、商品生産、すなわち、実物資本が増加すると、その後に利子率が下落するためである。新しい実物資本の形成のための追加的な貨幣が提供されず、人口が増加しているときにはとりわけ生産の重要な部分をなす、こうした用途のための商品市場は停滞する運命にあるのである。

三、生産増加と好況に伴って、商品供給の増加に正比例するように、金匠が貨幣を鋳つぶすためである。

物価下落の三つの原因のうちのいずれか一つであっても、恐慌を引き起こすのに十分である。なによりも十分な金が発見されたことによって、一つの原因が機能しないときには、他の原因が裂け目を開くというのがこれらの特徴である。これら三つの原因のうちの一つか二つは規則的かつ不可避的に周期的な経済生活の崩壊を引き起こす。[35]

この言説には景気循環に関するいくつかの仮定が含まれている。基本的な仮定は物価下落が恐慌の原因であり、それも唯一の原因であるということだ。しかし、これが証明されることは決してない。この証明は恐らく不可能である。現代の研究は物価下落が恐慌のただの兆候に過ぎないということを示唆しているし、この「原因」はいくつかのもっと基本的な不均衡の中に探求されなければならないためである。しかも物価下落は不況期だけでなく好況期にも存在しうる。合衆国の歴史においては、いくつかの景気循環を通して継続するような長期の物価下落が存在していた。そのような事例では、不況局面は通常よりも長期化する傾向にあったし、好況局面はいくらか短期化する傾向にあった。しかし好況が存在しうるという事実は、物価下落と恐慌が必然的に結びつくというゲゼルの仮定に対する反証となる。

ゲゼルは、物価下落が景気循環の原因であるということに満足して、物価下落をもたらす原因の考察に向かってしまう。その最初のものは金生産の減少である。いまでは、金生産が長期にわたって価格水準に影響を与えることがあるということはある程度明らかになっているし、ゲゼル自身この命題を一九一三～一四年に公表した一連の論文の中で展開している。[36] 彼は一次資料の研究をしなかったが、多くの権威の知見を収集している。そこでは、ローマ帝国の衰退と没落が金と銀の生産の減少に帰せられており、ルネサンスの経済的かつ知的な再生は金生産の増加によるものであると考えられている。

景気循環の過程で発生する物価の短期的な変動を金生産の変化に帰着させようと試みているが、それらはまったく違った事柄である。金生産が減少している短期の期間に、物価がいつも下落しているわけではないし、金生産が増加している短期の期間に、物価がいつも上昇しているわけでもない。金生産と物価の間にそのような関係が示される場合でさえ、恐慌が金生産の減少に呼応して繰り返されることに伴って、金生産が循環的な経路で変化していくことを示す証拠は何もない。

物価下落をもたらし景気循環の原因となる三つの原因のうちの二つ目は、産業と工芸における金の使用である。ゲゼルはきっぱりと証明もせずに、好況期における宝飾品、歯科治療、宗教上の偶像、産業における金の消費が、金生産の増加を大幅に超過するほどに増加し、そうすることで、貨幣素材として利用できる金量が、好況が始まる前と比べて減少してしまうと述べている。ゲゼルの著作ではいつものことであるが、金の生産と消費に関する統計を調査していない。彼の言説を裏付ける権威を引用しているしているときでさえそうである。普遍的な貨幣素材として金が選択された理由の一つが、貨幣以外の利用がほとんどなかったということによるが、彼がそのことを指摘するには時期尚早であったということは注記しておいてよいだろう。

金の産業利用は、ここでは循環の転換の原因とされているものであるが、物価の長期的な下落の理由にも結びつけられている。中国人がルネサンスを持つことがなかったのは、金銀をふんだんに使用した彫像を家庭内に置いたせいであると、ゲゼルはまったく真剣に提起している。好況期に、彼らは富の象徴として彫像の数を増やし、不況期に既に持っている彫像を大きくする。そうすることで、神々からのいっそうの恩恵を引き出し、好況の再来を確かなものにするのである。「たとえ他に原因がなかったとしても、この原因だけでも、数千年来の中国の発展の著しい停滞を十分説明できるだろう」[37]。

ゲゼルによる不況をもたらす物価下落の三つ目の原因は、既に述べた二つの原因ほど表層的なものではなく、経済的な変化の根底にある諸要因のある程度の理解を示しているとはいえ、ほとんど真剣に取り上げられるべきものでもない。彼は、物価下落の原因を、上方ではなく下方への利子率の変化に帰着させているためである。これはまるで『不思議の国のアリス』の経済学のようにみえるかもしれないが、ゲゼルの利子の一般理論とまったく整合的である。ゲゼルが実物資本とみなす商品生産の増加は、好況期中の実物利子率を下げる原因となり、より多くの実物資本を生産するための貸付資金の提供を減退させる傾向を生み出す。それによって、市場は「停滞する」。潜在的な貸し手による貨幣の退蔵は累積的過程である。利子率が下がれば下がるほど貸し手は退蔵を増やす。

いまと比べるとゲゼルの時代に利用できるこの手の統計資料がほとんどなかったということは確かではあるが、彼がそのようなことに配慮していたなら、利子が物価と恐慌に与える影響関係についての事実を確認することはできたであろう。そして利用可能なあらゆる資料は、現在も当時も、好況から不況への転換には利子率の下落よりも上昇が伴うことを示している。この関係は単純でも直接的でもないとゲゼルは信じていた。それは単純な通貨退蔵を通じてではなく、商業銀行の準備金の減少と銀行貸出の制限を通して作用するのである。好況期の事業拡張は、銀行の法的または慣習的な準備金を激減させ、銀行は顧客への貸出を制限するために利子率を引き上げる。これが好況を制約する高い利子率に伴って生起する事柄であり、低い利子率に不満を持つ貸し手が通貨を退蔵するのではない。したがって、ゲゼルの三つ目の原因は、物価下落の説明としては他の二つよりも不適切である。

ゲゼルが提示した三つの原因は、なにゆえ物価下落が「規則的で周期的」となるのかという問いに対して、なんの説明にもなっていない。恐慌が周期的であり、多かれ少なかれ規則的であることも確かであるが、ゲゼルによって特定された原因は規則性を証明するものではない。彼はまたしてもなんの証明もすることなく言及を続ける。彼が認める物価下落の三原因のうちの一つが任意の時期に作用しない場合には、その他の原因が「裂け目を開く」だろうという。しかし、金生産の減少というゲゼルによる物価下落の第一原因が作用しないときには、金の産業的な消費の増加という第二原因が、貨幣用の金量を急激に減少させ、物価の下落をもたらすはずであると仮定する理由はどこにもない。金生産が堅調で産業的な使用が少ないとき、利子率が裂け目を開き、事業家を萎縮させるほどに下落して物価下落と景気停滞をもたらすと考えなければならないのはなぜだろうか。

三つの原因のうちのいずれか一つが与えられ、ひとたび物価が下落し始めると、商品需要が次第に落ち込んでいくとゲゼルは強調している。すなわち、「商人も投機家も雇用主も」、商人が支払った価格以下に販売価格が下落するという予想があるときには、財を購買しないだろう。だからこそ、「物価が下落するときに、貨幣流通は数学的に不可能になるのである」。それゆえ、「貨幣供給は、物価下落が十分に抑制されないときに」引き揚げられ、より少なくなる。「したがって、需要が不十分などきにそれが消滅するというのが需要の法則なのである」[38]。

物価下落の分析は次の点を見落としている。ゲゼルの体系では、どうして価格がゼロになるまで、または財がボーナス付きで与えられるところまで、下落し続けることにならないのか、まったく説明されていない。この体系の内部ではどうして物価が再び上昇するのかということについての説明も与えられていない。ゲゼルは低い物価が需要を刺激するかもしれないという発想を強く否定している。

安く購買したいと望む者は「準備金の中から貨幣を」たくさん市場に持ち出さなければならないと考えている。真実は逆である。物価の下落ではなく上昇が商人の購買を促すのである。物価の下落だけが彼らを害するのである。今日安く提供されているものが明日にはいっそう安く提供されるだろうという不安が皆の財布の紐を締めさせるのである[39]。

ここで再びゲゼルは故意に議論を、人口の中の相対的に小さなグループである商人に限定し、物価下落に対する消費者の反応について考察することを拒否している。彼が自身の独善的な結論に到達しうるのはただこうした仕掛けによる。こうすることで、彼は、なんらかの出来事が体系の外から干渉する場合を除いて、新たな循環に向かって再び物価が上昇する機会を置き去りにしてしまう。彼の経済では、新しい金鉱の発見というかたちで救済のために機械仕掛けの神が登場するまでは、永遠に物価が下落し続けることが予想されるのである。

ゲゼルがこのような幸運な介入がありえないことだとは思わなかったことは、彼が物価上昇に対する需要の影響関係についても考察する必要性を感じていたという事実からも明らかである。先の物価下落の事例と同様に、この場合の効果は累積的である。物価の上昇は需要の増加をもたらす。

それゆえ、物価が上昇すると、貨幣の速度が速まることで商品需要が増加する。同時に、手持ち現金に対して提供される商品量が信用販売の増加によって減少する。したがって、物価が上昇するのは、それが上昇するからなのである。需要が刺激され拡大するのは、それが大きすぎるからである。商人は彼らの直接的な必要を超えて商品を購買する。彼らは将来の販売に向けて在庫を確保しようとする。需要に対して供給が少なすぎるためである。

これは貨幣用の金の供給が、流通から取り出されて鋳貨が実際に溶解されることになる宝飾用の金に対する需要によって減少させられるまで続くのである(40)。そして経済は再び物価下落問題と向き合うことになる。

物価下落を阻止するための他に可能な介入の形態は国家紙幣の発行である。しかしこの紙幣は商品の増加と釣り合わなければ単にインフレーションを招いてしまうだろうし、最終的には紙幣価値の破滅的な下落をもたらすだろう。「小作農は、フランスのアッシニアのように再び牛舎の壁紙として紙幣を使うのである(41)」。

みられるように、ゲゼルの景気循環論は多くの点で不適切であるように思われる。それは本質的に循環論というよりも恐慌論である。彼は専ら恐慌の原因に関心を寄せたのであるが、決して好況の原因に関心を寄せることはなかった。彼の理論は、好況と不況の交替についての理論というよりも永続的不況の理論というべきものである。周知の事実の顚倒に依拠していないところでは、長期の傾向としてのみ妥当性がある。過去数世紀にわたってほぼ絶え間なく物価が下落してきたということが真実であるならば、彼の理論は事実を説明していることになるだろう。しかし、事態はその逆であるから、彼の前提と結論はともに誤っていると結論されなければならない。

スタンプ貨幣という救済策

ゲゼルの景気循環に関する全理論は、利子と資本の理論と貨幣価値の理論と同じように、ただスタンプ貨幣のみが物価下落を抑制し、したがってそれのみが景気循環を除去しうることを示すことで、貨幣改革のための提案の基礎を固めるために詳述されている。現存する貨幣制度の害悪に対してゲゼルが提起した救済策は、そのような問いに関する長期の研究の末に次第に辿り着いていったものではない。それは彼が一八九一年の『貨幣制度改革』の著述を始めたときには既に心の内に開花していたものである。彼の言葉によれば、そのときはまだ経済学の研究に取りかかっていなかった。そして彼が他の著述家の文献を体系的に研究し始めたとき、他の論理に照らして自身の計画を検証するというよりも、既に定式化された計画を支持するものを探し出すことが目的であったようにみえる。

この計画の本質は、既存の貨幣形態を、劣化する財と同様に減価する形態に取り替えることにある。ゲゼルは貨幣が「消滅していく」形態に移行するためのいくつかの方法を認めている。初期の著作で概略が示された次の計画では各日付の価値を示す参照表が紙幣の裏面に印刷されている。(42) たとえば、一〇〇マルク紙幣は暦年で一〇パーセントの価値を失うのであるが、それは裏面の表にしたがって運用される。

ライヒスバンクは持参人に一覧払いで支払う

一八九一年一月一日	一〇〇・〇〇マルク
一月二日	九九・九七マルク
一月三日	九九・九四マルク
一二月三一日	九〇・〇〇マルク

年末には、一〇枚の旧紙幣が九枚の新しい一〇〇マルク紙幣と交換されるだろう。一日当たり〇・〇三マルクの減価が、三六五日ではなく三三三日で約一〇マルクになるという面倒事は、恐らく三二日の祝祭日を表から除くことで実施される。しかしこうした些細な問題が首尾よく取り除かれたとしても、面倒な計算と両替時の煩瑣が伴うため、この制度には財の買い手と売り手の双方にとっての煩わしさが残るだろう。このような場合には、価値を分割するための鋳貨か紙幣を鋳貨制度に追加する必要があることはほぼ間違いない。さもなければ、両替はできなくなり、頻繁に減価することの利点が損なわれてしまうだろう。

紙幣の表面

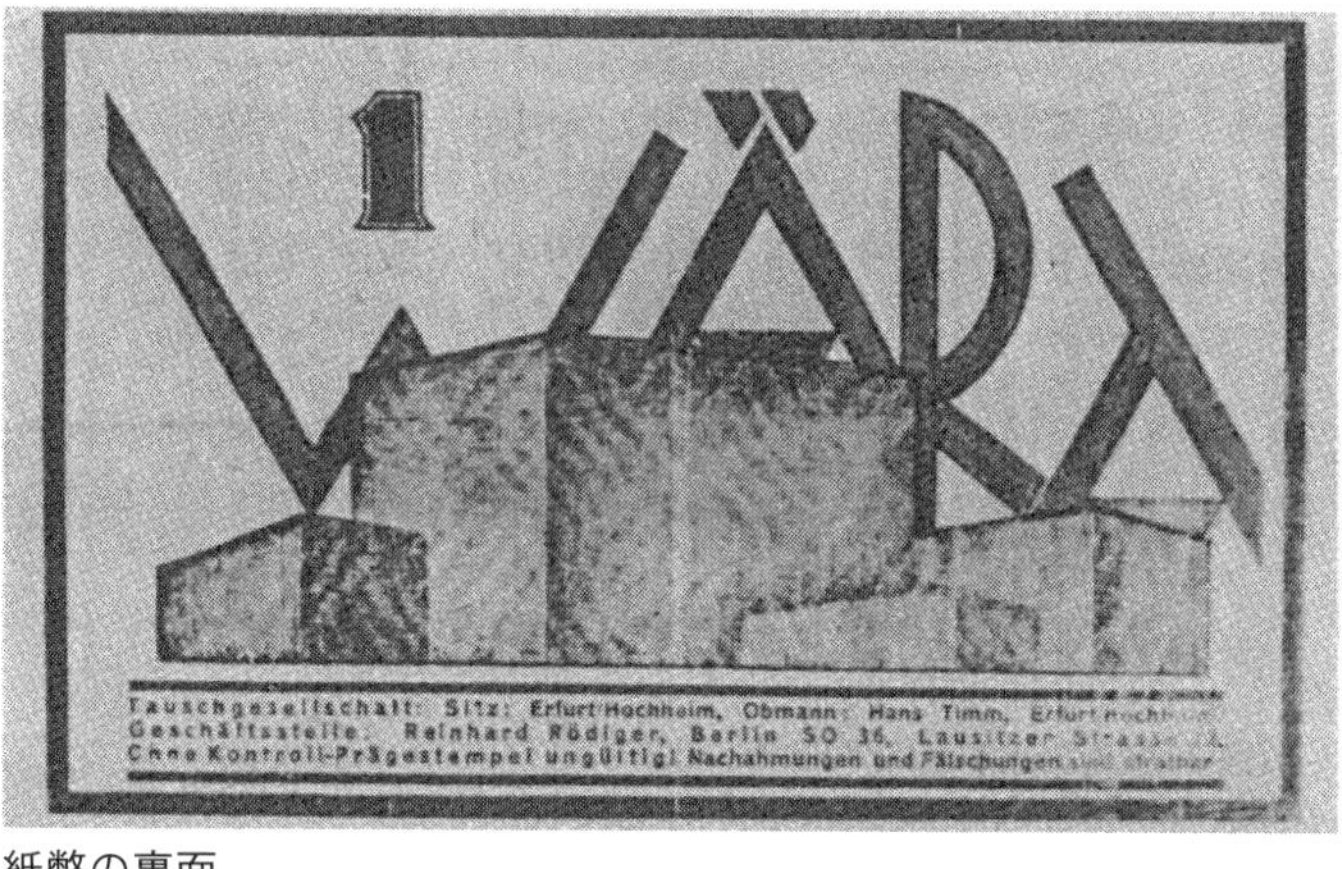

紙幣の裏面

消滅貨幣

ゲゼルによって提唱された通貨の一例、ドイツ語圏の小さな町で自主発行された。

ゲゼルはこの制度の不便さを認識していたが、たとえ物価が不変であったとしても、その年のほとんどの期間を通じて、分割された価値の紙幣は面倒な計算を必要とするであろうから、かえって商人には計算しやすいように数字を丸めて値付けする理由がなくなるという事実によって相殺されるであろうし、それゆえにまた、財の「実質価値」により近い価格に設定されやすくなるだろうと述べている。このことが、ゲゼルが別の文脈で詳述した「実質価値」のごときものは存在しないという議論と矛盾するということをあらためて指摘しておく必要はないだろう。

数年後に、ゲゼルが再び減価貨幣の概要を示したときには、毎日減価するという考えを捨てていた。代わりに週に〇・一〇マルクの速さで減価するか、年に一〇パーセントではなく約五パーセント減価する紙幣を提案している。少額鋳貨を減価させるときの問題は各年を識別する一〇色の紙幣に替えることで処理される。これらの少額紙幣は年末まで減価せず、年を越したときに一〇パーセントの価値が減じられる。その年の紙幣は年間を通じて額面価値で流通する。識別色によって認識される前年の紙幣は九〇パーセントの価値で流通していくことになり、その後も同様に処理される。初年次の紙幣は一〇年目の年末には恐らくすべてが流通から引き揚げられるだろうし、一一年目の発行では初年次と同じ色が用いられるだろうから、一〇年で一回りする循環が再び始まる。この計画には減価のさせ方の点では深刻な問題はないようにみえるが、減価する高額紙幣の両替についての問題を解決していない。ゲゼルはまた、公衆にもっと受け入れられるようにと、少額紙幣によって運営される「少額宝くじ」を提案してもいる。(43)

紙幣の裏面に印刷され、財と紙幣の交換の度に参照される表に、紙幣の減価を記すという方法はゲゼルの後の著作では脚註に追いやられている。この場所は、一週、二週、一月といった期間の終わりに、紙幣の裏面のスタンプを貼付する欄に代えられた。ゲゼルが描いた紙幣見本には一二ヶ月分の欄がある。この方法では紙幣が常に表面価値で通用するので、紙幣の価値を分割するために両替する際の問題は回避されている。もし減価率が年五・二パーセントで、毎週貼付されるなら、紙幣の裏面には、紙幣の表面価値の一パーセントの一〇分の一の価値で五二スタンプ分の欄がなければならない。減価率が年六パーセントで、毎月貼付されるならば、それぞれの欄には表面価値の一パーセントの二分の一のスタンプが必要になるので、一二の欄があればよい(44)。

ゲゼルは衛生上の理由から、実際に紙幣にスタンプを貼付する代わりに、紙幣が中央当局に持ち込まれると、スタンプの支払額に相当する位置に消印が押されるという方法を提案している。こうすることで、現金を持っているすべての人が、自分の紙幣に消印を押してもらうのを待つために、スタンプの貼付日に中央貨幣局に行列を作ることになるだろう。

ゲゼルはこの紙幣の実際の減価率に驚くほど無関心である。このことは一面では、彼に利子の重要性を看過させ、他面では、いくつかの後期の著作で表明されるような信念を引き起こしている。それは貨幣供給を財供給に適応させるための減価率のわずかなズレが、流通速度が遅すぎたり速すぎたりすることで引き起こされる物価の上昇または下落に対して反作用するために、流通している紙幣の発行または廃棄によって調整されうるというものである。

一連の仮想的な対話の中で、ゲゼルは数名の典型的な市民に対するこうした変革の影響を示している。そこでは、小売店主が最初に語っている。いま顧客が現金で支払うと、それによって今度は小売店主が現金で支払えるようになる。しかし彼らは貨幣を受け取ったらすぐに支出したいと望んでいるので卸売業者並に大量に購買する傾向がある。この傾向が小売店主の手数料を平均二五パーセントから約一パーセントに引き下げ、一〇人の同業者のうちの九人を追い出してしまう。それにもかかわらず、小売店主は「買い手をより従順にするために」、五パーセントから一〇パーセントに引き上げられた減価率を好むだろう、というのである。

その次に銀行員が語り、貨幣が新たな形態になったことで銀行の仕事が少なくなったと述べている。速い貨幣流通によって、為替手形はほとんど使われなくなり、小切手が現金に取って代わられるようになるので、多くの銀行が閉鎖し、それに伴って多くの銀行員が解雇される。各週の終わりに、その時点で保有していた現金の減価分が費用勘定に計上される。

輸出業者は為替相場が以前よりも安定しているという事実を熱っぽく語っている。他国でも、国際的な紙幣が使われるだけで、国内物価の安定と為替相場の安定が同時に達成されることが理解されるようになっているという。

製造業者は、規則的な販売、現金支払い、そして物価の安定を保証してくれるスタンプ貨幣に満足していると述べている。販売不振になったり物価が下落したりするようなときには、国民通貨局はただ流通に貨幣を追加するだけである。いまではクリスマスプレゼントの購買がクリスマスイヴまで引き延ばされることはない。貨幣を持っている顧客は年間を通じて購買するので、玩具工場は一年中が繁忙期になる。新しい貨幣がもたらす安心は、競争相手がこの産業に参入することを可能にするし、競争は消費者物価を低下させる。

高利貸しと投機家は、新たな体制の下では、もちろんまったく不幸である。年のはじめに現金勘定で一〇〇〇万ドルを持っている投機家はそれを投資する可能性のあるあらゆる機会に備えるだろう。六ヵ月のうちにこの資金のうちの二五万ドルがなんの投資機会もなく失われてしまう。(45) 彼らは減価する貨幣との交換を望まないため、証券の所有者はそのまま持ち続けることを選び、投げ売りに陥ることを避けるのである。

貯蓄家は、いまでは貯蓄預金の利子を受け取ることができなくなっているが、現金で貯蓄しているときに被る損失を避けることができるので不満はない。しかも、貯蓄家が商人でも銀行員でもないのはいうまでもないが、より多くの貯蓄を可能にする新しい貨幣制度の下で、低落した物価が規則的な雇用と賃金の倍増をもたらす。ここでゲゼルは、自由貨幣の下にあっても、消費者の購買力を切り下げることなく、本当に貯蓄しうるのかについて説明していない。

しかし、皆が一〇〇ドルの価値の生産物を市場に持ち込み、九〇ドルの生産物を購買するならば、つまり皆が一〇ドルを節約しようとするならば、一体何が起こるだろうか。……答えは与えられている。自由貨幣によってこの矛盾は解決される……あなたが一〇〇販売するなら、代わりに一〇〇購買する。皆がこのような方法で行動するとき、誰もが生産物を販売し貯蓄することができるようになるだろう。さもなければ、賢明な貯蓄者は他者から貯蓄を行う可能性を奪ってしまうことになる。(46)

ゲゼルは、商人と銀行員の失業をスタンプ貨幣導入の利点の一つと考えたが、それにもかかわらず、一般的な雇用水準の上昇が期待される。新しい貨幣が導入されてから財需要がすべての工場の完全操業を維持しているために、失業保険局の職員は何もすることがなかったと述べている。これについての脚註では、個人生産者が品質の悪いものやあまりに高いものや共同体の必要性を無視したものを提供した場合、自由貨幣といえども財の処分を保証しないと指摘されている。損失に対して保証されるのはただ全体としての生産者なのである。

こうした対話のすべてが、本質的な要因を無視し、経済問題を過剰に単純化するゲゼルの方法を典型的に示している。しかしそれこそが、彼が理想社会の要素と考えていたものの力強い救済になっているのである。

この計画は機能するのか

この計画がゲゼルの主張のすべてを達成しうるのかという問題はしばらく脇に置いて、そもそもこのような計画の完全な実施ができるのか、あるいは計画全体の目的が台無しにされてしまい、言い逃れやごまかしに終始することになるのか、という問いを立ててみよう。

ゲゼルはこの制度の管理運営上の困難に正面から向き合っていない。人々の手元にある貨幣価値の一部に消印を押してもらうために行列に並ばせるということはまったく不可能である。スタンプ方式は消印方式以上に期待できない。現代の人々は表面価値に影響が出ない限りで、通貨の実質価値の減価または切り下げを通じた著しい損失に耐えている。しかし、手持ちの紙幣の表面価値の引き下げが強制されるとなると激しく抵抗することになるだろう。それは売上税よりもずっと不愉快なものであり、ずっと容易に逃れられるものである。現金取引は最小限に抑えられ、物々交換と帳簿信用によって代替され、小切手の使用が増加するだろう。

実際問題、当座預金や郵便為替に馴染んでいる国ではどこでも、ゲゼルの「減価貨幣」の導入の、最初の、そして恐らく唯一の影響は、極めて少額の支払いを除いてこれらの使用に駆り立てられるということだろう。現在、合衆国の当座預金は預金者に利子を支払っていないし、あらゆるものの支払手段として既に当座預金を利用している人びとにとって何も難しいことはない。商業銀行に当座預金口座を持つことができない程度の所得の個人にとっても、銀行に課される手数料は、恐らく現金で購買するときの損失よりも銀行を通じて購買するときの損失の方が少ないだろう。

もし新しい制度が、小切手の使用を完全に禁止するという手に負えないやり方を強要したとしても、この計画の意図を挫く、帳簿信用、掛売勘定、物々交換の利用が残るだろう。

価値損失を避けるために耐久財を購買するのは、どちらかといえば、直接的な必要を超える恵まれた所得のある人の方法であるが、ゲゼルはこの可能性を認め、他の方法よりもこの方法の方が有益であると考えている。このような耐久財の製造業者は在庫の回転を速め、売上を増やしながら、より多くの生産物のためにより多くの原材料を購買し、そうすることで、利潤は飛躍的に増大するだろう。ここでゲゼルは、消費者が卸売りからまとめ買いした財を保管する貯蔵室がどの家庭にも設けられるような状況を思い描いている。不可避的な価値損失を避けるために、手持ちの現金を急いで支出しなければならないということは、砂糖の樽、布の巻物のような形態での個人貯蓄を増やす原因となるだろう。しかし、貯蓄の大部分がこのような形態でなされなければならないなら、哀れな消費者は貨幣損失から自衛しようとの努力にもかかわらず罰せられてしまうだろう、ということをゲゼルはまったく想起していない。ゲゼルが教えるところでは、貯蔵された財の減価はとても大きく、貨幣の人為的減価によって償いうる大きさを超えているかもしれない。しかも、個人の住居やアパートに貯蔵室を増設する費用はかなりのものになる。消費者の下で商品を保管する費用が、商人の手元でかかっていた同じ財の保管費用と損失よりも少ないと信じる理由はどこにもないし、ゲゼルがそう示唆しているわけでもない。ゲゼルの方式が消費者に大量買いを行わせ、自宅で財を保管させる効果がある限り、その効果は消費者が負担する商人への補助金となろう。

たとえそうだとしても、商人階級がこの計画を歓迎するかは疑わしい。彼らの仕事の多くを奪ってしまうためである。ほとんどの消費者が卸売りから大量買いをするならば、ゲゼルが著書の中でいくつかの事例を参照したように、大規模小売店舗は不要になるだろう。分配費用の低廉化が財の保管費用をいくぶん相殺するとしても、商人にしても消費者にしても大きな純利益が得られるということはないだろう。

自宅で大量の財を保管する費用と危険を引き受けるよりも、むしろ消費者は、一時的な剰余通貨を貯蓄銀行に預金することで損失から身を守ろうとするだろう。このような銀行預金に対するゲゼルの態度は年とともに変化した。はじめ、彼はこのような預金を通貨と同じように減価させるつもりでいた。一八九一年に上梓されたはじめてのパンフレットの副題は次のようなものである。「現行のあらゆる貨幣は、どの土地にあっても、その土地の住人の便益ために年一〇パーセントの租税を生む。その貨幣が商人の現金箱、羊毛の靴下、銀行に置かれていたとしてもである」。しかし『自然的経済秩序』の最後の版が出版されたときには、銀行預金が通貨のように減価すべきであるという主張はなくなっている。その代わりに、全預金額が表面価値で払い戻され、その預金に以前は支払われていた利子は減少し、最終的にはなくなってしまうと明確に述べている。貯蓄預金者には、預金額がそのまま払い戻され、現金のかたちで持っていると被る損失から保護されるので、利子率がゼロに下落した後でさえ不平を述べる理由がないのである。

現代の信用経済においてはスタンプ貨幣の要求を回避しうる数多くの方法が存在する。それゆえ、通貨の流通速度を速めるための方法が機能しないだろうという結論は避けることができない。とはいえ、かりにそれが機能するとしたときに、ゲゼルが主張したことが達成されるのかについては検討の余地が残っている。

この計画が機能するとき、何をなしうるのか

初期の著作でゲゼルはなんの留保も付けることなく、スタンプ貨幣の計画が物価変動を除去し、それによって景気循環をも取り除くと述べている。そのようにいいうる基本的な理由はスタンプ貨幣が退蔵を不可能にすることにあるのだが、ゲゼルはその結果が別のいくぶん奇妙な状況によって強化されることを期待していた。新しい制度の下で、土地のような資本財の所有者は、土地と減価する貨幣

との交換をしたがらないために、売ろうとしないだろうと彼は考えていたのである。であるならば、投機家は自宅にある資金のはけ口を見つけることができず、外国への投資を強いられることになるだろう。こうして投機はなくなるため、価格の変化もなくなるのである。こうした推論は、特定の商品の投機によってもたらされる個別の価格変化と、より一般的な条件からもたらされる一般物価水準の変化との混同に基づいている。

ゲゼルは後期の著作になると、スタンプ貨幣の減価が商品の減価を正確に相殺し、一般物価水準がこの方法のみによって安定させられるだろうとはもはや考えていない。たとえば『貨幣の調節』（一八九五年）では、スタンプ貨幣を通じて需要と供給が一致させられる限りで物価は変化しないと主張しているが、しかしもしそれが変化するならば、物価指数の安定を維持するために、流通に少量の貨幣が追加されるか、または流通から少量の貨幣が引き揚げられるということを急いで付け加えている。

ゲゼルは、価格水準を安定化させるための手段としてのスタンプ方式には誤りがないとはいえないことを、彼のキャリアの中頃には認識していたにもかかわらず、流通貨幣量の変化だけで物価を安定させようとするいかなる計画にも強固に反対した。単に期待された物価水準に引き上げるために貨幣を発行し、その運動が期待を上回ったときに貨幣を償却するということを交互に実施するのではなぜいけないのか。この解決法の不適切さについてのゲゼルの説明は、既にスタンプ貨幣のためになされていたものに類似している。もし国家が貨幣発行量を管理し、しかしそれが流通するように強制することはしないで、退蔵することを容認するならば、金本位制と同じような困難が紙幣本位制の下でも起こるだろう。「発進と停止を同時に行うことができないように、貨幣が同時に流通手段と貯蓄手段であることはできないことは自明である」。そのため、価格設定の過程において供給が不利益を被らないようにするために、商品減価という供給への強制に対して、需要も同じ強制の下に置かれなければならないのである。

しかしどうして、政府がただ紙幣を増発するだけでは退蔵に向かういかなる傾向も相殺することができないということができるのか、との疑問が投げかけられるに違いない。もし物価下落時に、より多くの流通貨幣を追加するだけで十分物価を引き上げることができるならば、一定の社会性のない個人によって貯蓄されたとしても、追加的な貨幣発行によって期待された水準に物価を引き上げることはできないと考える理由はない。ゲゼルは、なぜ政府が物価下落に対抗しえないのかについて何も説明することなく、そのような貯蓄が物価下落をもたらし、それが恐慌を引き起こすと想定している。そしてこの点について、ゲゼルは、紙幣の追加発行が物価を上昇させないことを証明していないのに、貨幣の受領と同時に支出しないことの道徳的腐敗について訓示を垂れるのだ！[47]

このように抗議したものの、ゲゼルは、経済改革に必要不可欠であると宣言していた物価安定が、スタンプ方式によらずに「管理」される紙幣によって達成されうることを晩年に理解したようである。後期の著作では、ゲゼルは国際的な金融構造の複雑さについて、初期の著作よりも強く意識していることを示してもいる。ドイツの戦争とインフレーションの経験は細部であっても理論に変更を加える原因とならなかったと彼は述べているが、それが強調点を変更する原因となっていたことは明らかである。

その際、物価が安定しているか否かは指数的手段によって判定されるべきである。あるときゲゼルは、そのような指数の基準として、平均利潤を真剣に提案し、そうすることで、物価が安定的ならば利潤もまた安定的であるという信念を強調していた[48]。この考えは彼の経済学研究の中で放棄され、後期の刊行物では、慣習的な小売価格の平均が目的に適う指数の形態であることを認めている。彼はいかなる物価指数も絶対的な正確さを持ち得ないことを認めているが、金本位制の困難よりも指数の不正確さを選んだのである。

ドイツがインフレーション期に入っても、ゲゼルは貨幣と土地の改革を主張し続けたが、緊急時においては他の手段も必要であることを理解していた。一九二二年に彼は貨幣と土地についての手段に加え、すべての間接税と所得税を廃止したうえで、インフレーションの利潤の四分の三に相当する資本課税に代えることを提案している。したがって、通貨減価の帰結として、資本ストックの市場価値が一五〇〇万マルクから四五〇〇万マルクに上昇したとみられる企業は、三〇〇〇万マルクの増加分の四分の三に相当する税を政府に支払うように義務づけられるのである[49]。

同時にゲゼルは、マルクの安定と維持を助ける国際通貨協定の重要性を強調している。彼は、国際通貨会議の招集と、国際価値協会の頭文字からなりこの同盟が管理するイヴァと呼ばれる国際通貨単位の制定を強く求めている。この方法によって、彼は国内物価水準と外国為替相場の間の摩擦を調停しようとし、自由貿易と国家間の関税障壁の引き下げを促進し、それによって、国家間の平和の本質的条件の一つを確立しようとしたのである。この目的は彼にとっては重要なことに思われたので、明らかにスタンプ貨幣を擁護することを控えていた。なぜならそれは理解されなかったし、スタンプ貨

幣と関連づけることで「イヴァ」計画を危険にさらすことを望まなかったのである。(50)

自由土地

ゲゼルは貨幣改革計画に大きな成果を期待していたけれども、それだけでは社会的不正義のあらゆる形態を解決することはできないことを認めざるを得なかった。そこで、改革手法を完成させるために、貨幣制度に土地所有制度の計画を追加することを提案した。この提案ははじめ一九〇六年に分冊で公刊されたが、一九一六年には土地所有制度に貨幣制度が合本され、その後のドイツ版の各版も同様に合本されて公刊された。最近の彼の著作の英語版は土地所有制度に関する章が省略されている。ゲゼルは決してこの計画を放棄しなかったし、最晩年期にもそれを支持するとパンフレットに書き記している。

ゲゼルの土地改革計画は、マルクスやヘンリー・ジョージよりもプルードンに従っている。個人に対する地代の支払いはゲゼルには社会的正義と両立しないものと思われたし、社会的生産になんの貢献もしない個人に取得される不労所得を許容することの社会的費用をはっきりと見たのである。他方では、政府が所有者に補償しないで土地を収奪することには反対した。そこで、市場利子率で支払う利付国債で補償して、政府が現在の土地所有者から買い上げることを提案した。そうして、土地は競売の最高額の入札者に様々な期間で貸し出される。落札者は彼らが適当と考える方法で土地を利用することができるが、これを又貸しすることはできない。

元々の土地所有者が所有する国債に支払われる利子は、はじめ、政府予算にとって重い負担になるだろう。しかし、土地改革はスタンプ貨幣とともに導入され、スタンプ貨幣が次第に利子率をゼロに引き下げていくだろうから、国債の負担は徐々に軽くなっていくであろう。この変化は非常にゆっくりと進み、所有者は長期にわたって収用されることになるが、それは彼らにとって厳しいものとはならないだろう。

ゲゼルが探求したこの計画の興味深い副産物は、国家に支払われる地代が、子どもの数に応じて、母親たちへの交付金として利用されることである。この方法を通じて、子どもたちは貧困の道徳的かつ身体的な危険から自由になり、女たちは夫への屈辱的な経済的従属から解放されるだろう。そして、国家にとっては将来の市民の適切な供給が保証されることになるだろう。このテーマに言及した後期の著作で、ゲゼルは、土地地代の収入だけでなく、スタンプ貨幣の管理までもが信託される母親同盟を提案している。そうして、その他のあらゆる政府機関は不要とされるのである。

ゲゼルは、彼の計画が土地の社会化のあらゆる利点をなんの不利益もなしに提供し、さらには国際平和の実質的な保証をも提供すると主張している。もしどの国でも個人が土地所有からの不労所得を得ることを容認しないのであれば、いずれの国においても国境を拡張しようという動機はなくなるだろう。そのうえで、どの国でも外国の農産物の輸入に関税障壁を設ける理由はなくなるだろう。土地所有者はもはやそのような財の高い価格から利益を得ることがないためである。この議論は平和の問題の過度の単純化に基づいているが、ゲゼルの多くの戦後の著作と講演に盛り込まれている。(51)

ゲゼルの評価

大多数の庶民の状態を改善する手段を探求するときの、ゲゼルの温かい心に満ちた誠実さに感銘を受けることなく彼の著作を読むことはできない。貧困問題を前にしたときの彼の落胆、女性と子どもの経済状態への彼の関心、世界平和を促進しようとする彼の意欲には敬意を表されなければならない。しかし、彼が任務に取り組むときの知的装備は凡庸なものであった。彼は事実と仮説を区別したり、一定の前提を立ててそこから厳密な結論を引き出したりする能力をほとんど持っていなかった。

ゲゼルの景気循環論は、現代の著述家によっていまだ命脈を保っている過少消費論の長い系譜に位置づけられる。もっとも、ゲゼルの分析は過少消費論の立場を強調していない。彼は、現代の信用の利用を無視して、あまりにも原始的な経済の観点から議論しているが、これはまったく非現実的であり、実際の状況を解明することはない。彼の分析に合わない事実は無視されるか一蹴されてしまう。ある関連の中では拒否される価値論が、議論の別の箇所ではその基礎をなすものとして装いを変えて利用されるがゆえに、彼の分析は内的な一貫性を保ってさえいない。

ゲゼルの貨幣論への主な貢献は貨幣の流通速度の重要性を強調したところにある。この点はゲゼル以前の著者によっても指摘され、それ以降の著者によってより適切に取り扱われている。とはいえ、貨幣と信用の流通速度についてのゲゼルの誤った考察によって、このような貢献はいくぶん損なわれている。

ケインズは党派的な観点から、経済学者の中でもゲゼルに近年強い関心を持つようになり、主に二つの点で独創性と意義があると主張している。ケインズの強調は、生産の要因としての需要の重要性と貨幣的利子論に置かれている。実際には、これらの二点についてのゲゼルの功績を認めることはできない。需要の強調は、ゲゼルの著作を知っている者の間だけでなく、その名を聞いたことのない者の間でも、最近の経済理論の中で着実に増している。そのうえ、ゲゼルの需要の取り扱いはあまりに不完全であるし、退蔵と商人の商品に対する需要の重要性についての誤った仮定にあまりにも多くを依存している。これはこれからの経済学の推論の基礎としてはほとんど価値がないものである。

もちろんケインズは、賞賛するだけでなく、ゲゼルの貨幣的利子論がいくつかの点で重大な欠陥を抱えていることを認識している。ケインズによれば、ゲゼルは「商品ストックの貸出から収益が得られるのは貨幣利子率が存在しているときだけである」ということと、そのことが利子率は負になりえないことを説明するということを理解している点で正しい。しかしケインズは、ゲゼルが流動性選好の知見を持たず、貨幣以外の商品にも流動性プレミアムが付与されうることを認識しなかったこと、したがって、スタンプ方式によって貨幣からこのプレミアムを除去しても通貨の代わりに「退蔵」される他の対象をもたらすに過ぎないことを認めている。ケインズは、議論の全体を通してみられる不合理と不整合を大目に見て、貨幣的利子の原理について自説に一致する論者を発見したことに喜び過ぎているように思われる。

さらに読み進めようという熱意のない読者にとって、経済思想の発展に対するゲゼルの役割に関する結論はほとんど意欲を掻き立てるものではないだろう。ゲゼルの地平は商人としての彼自身の狭い経験に制約され、そのような視野の狭さから自らを解き放つことはできなかった。経済的な調整の失敗についての記述は、大部分が商人にとっての困難という観点からなされている。物価変動に直面したときの経済行動に関する仮定は、そのような場合に商人が取ると思われることに基づいている。そして経済生活についての彼の理想は、商人が思い描く天国のようであり、そこでは財は常に利潤を伴って販売され、物価は決して下落することがないのである。

第3章　フレデリック・ソディと一〇〇パーセント準備計画

フレデリック・ソディが自らの貨幣制度に「スタンプ貨幣」や「社会信用」といった単純明快な名称をつけていれば、彼は自ら発行する新聞を使って運動のリーダーになっていたかもしれず、その支持者たちは立願の奉納品を献上したり、特別な色合いのシャツを着たりしたかもしれない。実際にはそうではなく、ソディは自らの計画に「社会的エネルギー論」とか「仕事の体系」とかといったもったいぶった名称をつけた。そのため、大衆は魅力を感じることなく拒否したのであり、彼の影響力はダグラスやゲゼルよりも小さいものとなったのである。イングランドでは、彼のアイディアは一部の先進的な雑誌に掲載され、「新ブリテン運動」計画に盛り込まれていた。合衆国では、テクノクラートと呼ばれるグループが一九二九年以降の不況期にソディの計画に興味を抱いていた。彼らが一九二九年版の『富、仮想的富と負債』を大量に購入したことで、一九三三年にはアメリカ版が出版されることになった。テクノクラシーは急速に大衆の人気を失い、ソディの思想を広める有効な道具ではなくなったが、彼の貨幣改革計画の一部は学会や政府に影響力のあるグループに取り上げられた。一九三四年にシカゴ大学の経済学者が出版した『自由放任のための建設的計画』はソディの風変りな名称をやめ、銀行制度の再編に関する勧告の一つとして、基本的にはソディのものと同じ一〇〇パーセント準備計画を盛り込んでいた。この計画の最も洗練された説明と主張は、ソディのことにまったく触れていない『合衆国における貨幣の供給と管理』という本の中で、一九三四年にロークリン・カリーが行ったものである。カリーはハーバード大学で教鞭を執りつつこの本を執筆し、後にはワシントンの連邦準備制度理事会の経済学者になったため、彼の賛同はこの計画の大きな原動力となった。この計画は一九三四年以降の長年にわたってこの国の経済学雑誌に掲載された多くの論文の主題となった。

ソディが主張した貨幣改革計画は、彼が観察していた経済システムの非効率性と不正義に対する深い懸念に起因するものであった。それゆえ、ソディは道徳的な語り口の真剣さと精神的な誠実さでゲゼルに非常に近い。一定の障害さえ取り除くことができれば、現代社会では万人がよい生活を送ることが可能であると両者とも信じている。また基本的な障害は貨幣制度にあると両者とも確信している。そして、両者とも社会主義に反対し、もし適切な貨幣改革を制度化することができるならば、それは望ましくも必要でもないと考えていた。

彼らの年齢は一五歳しか離れていないが、育った環境は非常に異なっている。ソディは一八七七年にイングランドの中流家庭で生まれた。彼はウェールズとイングランドの大学で学び、カナダとスコットランドの大学で教鞭を執った。一九一九年には、化学教授としてオックスフォード大学に戻り、一九三六年に退職するまでその職にあった。そして、放射能の専門分野で多大な貢献をなし、一九二一年にはノーベル化学賞を受賞した。

純粋科学の分野で受けた名誉にもかかわらず、ソディは研究者としての役割に満足することはなかった。彼は科学的発見の現実問題への応用にいつも強い関心を持っていた。初期著作で彼は、新たな発見の日常生活に対する示唆を誰もが理解できるように説明する努力をしていた。後期著作では、その発見が意味する結論を自ら描いてみせた。彼の力点は純粋科学から科学的手法の現実問題への応用へ、そして最終的には厳密な経済問題へと移っていった。この変化は彼の主要著作の表題に反映されている。『放射能』（一九〇四年）、『ラジウムの解説』（一九〇九年）、『科学と生活』（一九二〇年）、『科学の顚倒と科学的改革の計画』（一九二四年）、『富、仮想的富と負債』（一九二六年）、『貨幣対人間』（一九三一年）、『貨幣の役割』（一九三四年）という具合である。

ソディにとってこのような関心の移行は科学における彼の仕事の単なる論理的延長だったようである。彼の考える科学者の任務は、新たな発見をすることだけでなく、その応用をも指し示すことであった。ソディは最も深刻な今日的な問題はまさしく経済問題であると考え、化学研究において非常にうまくいくことが証明された手法が、経済生活上の問題に解決策を提示することを確信し、この分野に関心を向けるようになった。ソディは、次の引用文の中で「筆者が自分の専門分野からこれほどまでに外れるようになったのはこういう訳である」と述べている。

前世紀末から今世紀初頭にかけての放射能の発見と既知の解釈は、放射能元素の原子に蓄えられている潜在的エネルギーの量が、これまで考えられてきたよりも、一〇〇万倍のオーダーであることを明らかにした。……原子力が利用可能になれば世界がどのようになるかと考えるのは当然のことだった。原子力がもたらす世界と現在の世界を比較するためには、火が発見され歴史が始まる前の世界と比較することが必要であった。原始人が、現在では炭鉱になっているところで寒さのために死に、今日ではナイアガラがもたらす肥料で肥沃になっているトウモロコシ畑のある場所で飢え死にしたように、私たちはちっぽけな存在として導かれ、自然がけち臭く与えるエネルギー供給の分け前をめぐって野生の獣のように争っているのに、私たちの周りには、世界が想像したこともないような文明の可能性が存在しているように思える。[52]

このようなソディの思考は、彼自身の話によると、ラスキン、アーサー・キットソン、そして程度は小さいがゲゼルの影響を受けたものである。ラスキンは、機械文明への憎悪から、現代社会の病弊を克明に描くことにしか貢献しなかった。ソディは機械利用の拡大に反対することはまったくなく、機械を支配することによってのみ人類は骨折り仕事から解放されると考えるだけの知性があった。ゲゼルはソディの初期の思考に相当の影響を与えたが、ソディはまもなくゲゼルの狭い限界を抜け出した。ソディの発展にとって三名のうち最も重要だったのは『富、仮想的富と負債』に「筆者が富と通貨という魅力的な問題にはじめて関心を抱いたのは彼のおかげだった」という献辞が捧げられたアーサー・キットソンだったようである。

ソディはこれらの問題を若干単純化したかたちで考えた。人生の喜びの非常に大きな部分を構成する財とサービスの分配に大きな不平等が存在するというのは彼の正義感に反することであった。財やサービスの経済的生産過程にまったく貢献していない個人がその大きな分け前の享受を許される一方、実際にそれらを生産するために働いている他の人々があまりにも僅かな分け前にしか与れないのは非常な不公正であると考えた。人々と社会がより多くの財とサービスを渇望しているときでさえ、働くことを望む者が仕事を見つけられない場合があることはなおさら不公正なことであった[53]。ソディにとってこのようなことは自明であったので、これらの困難をあえて敷衍する必要を感じなかったのである。

だがソディは貨幣メカニズムを取り巻くこのような状態を非難するために多くのページを割いた。現代社会における貨幣と銀行業についての記述はほとんど中傷といってもよい表現で満ち溢れている。彼は、貨幣があらゆる害悪の根源であるというだけでなく、銀行が自行の利潤を増大させるために意識的に社会に損害を与えていると決めつけている。この種の議論が有効性を持つためには十分に証明される必要がある。ソディは決してそうしようとはしなかった。害悪の原因は害悪そのものであると彼は思い込んでいる。たとえば、「現代のいわゆる銀行業の最も顕著な特徴は定期的な破綻が避けられないということである」と述べている[54]。まるで銀行業が景気循環の唯一の要因であり、ただ独り責任を負わなければならないかのようである。

ソディはこうした問題の解決に必要なものは自然科学の方法の社会科学への適用だけであると確信していた。もっとも、彼は経済学者がこうした問題を解決できなかったことを非難してはいない。エネルギーと物質を関連づける自然法則は、現在の経済制度が作られたときには知られていなかったか、理解されていなかった。したがって、現代の経済理論が直面する深刻な問題を解決できるとは期待できないのである。

そこで、ソディは次のことを示唆している。

荒廃しつつある経済システムの自然的で根本的な基礎について科学的に再検討する方法を真剣に模索すべき時が到来した。……英国学術協会は……手続きに科学的要素を積極的に導入することを公衆と同様に間違いなく歓迎するだろう(55)。

ソディは経済学者が問題解決に彼の助言を求めるのを待たなかった。彼は、学生時代に永久運動の問題を解こうとしたときと同様の熱心さでこの新たな事業に乗り出したものの、このときは慎重になるようにと助言をする親切な教師はいなかった。アダム・スミスに仁義を切ることもなく、「所与の生産水準または生産量をより高い水準へと引き上げる方法を正確に明らかにするために……適切に研究されたことがなかったと思われる」主題の一連の調査に着手した(56)。これは科学的方法の適用によって達成されるものであった。

ソディは経済学に適用されるべき科学的方法の構成について独自の考えを持っていた。科学的方法の基本的な特徴は予備調査に基づいて仮説を定式化し、次にその仮説を検証するために膨大な資料を徹底的に収集し、最後に必要な修正を加えて仮説を再定式化することであると一般に考えられている。新たな事実がこの一般化と矛盾する場合には、この命題は再検証されなければならない。

ソディは経済問題の科学的解決法を提示しようとしたときこの一般的な方法を適用せず、物理学で真とされた一般法則を二つ選び、これを経済データに適用しようとした。彼が選択した一般法則は、質量保存の法則とエネルギー保存の法則であり、これらは物理学の基礎をなすものであるが、社会科学に直接適用することはできない。そこで物理学以外にも適用できるようにするために、彼が踏んだ最初の手続きは、質量保存の法則とエネルギー保存の法則をより一般的な形式で言い換えることであった。経済学は「物質主義的科学の保存原理に基礎づけられ、あらゆる手品のようなごまかしが暴かれるまで、適切な基礎に基づいているとはまったくいえないのである[57]」。

次の手続きは経済学の概念を物理学用語で再定義することであった。経済学は「専ら、有用で利用可能なエネルギーの流れとその無用な形態への転形、そしてこの流れの制御と管理の産物としての物理的富」を扱う。このように社会科学の問題と物理科学の問題を同じように取り扱えるようにして、ソディは自らの調査方法を経済問題に適用し、それらを一遍に解決できると確信した。「何か神秘的なものの現前と消失について科学者が問う単純な問題は『それがどこから来てどこへ行くのか』というものである。それは物質でも、エネルギーでも、貨幣でも同じである[58]」。

富の定義

ソディが経済問題にこれらの原理を適用しようとした最初の著作は、一九二六年に出版された『富、仮想的富と負債』である。そこでは、ソディのいう「正統派」経済学者による富の定義は厳しい批判にさらされた。第一に、「通説的経済学」は「富を常に交換価値または貨幣価格によって測る」という問題を扱う際の「非常識さ」に責任を負っている。投機家の活動による単なる物価上昇は富の増加ではないとソディは主張する。彼は経済学者がそのように考えていると信じていたのである。第二に、正統派経済学は個人の富と国家の負債を混同していることで非難される。というのは、個人が所有する国債は彼らの富の一部に数えられるためである。

正統派政治経済学は基本的には富にまったく関心がない。より正確には、それは個人の財産と国家の負債に関する科学である。

第三に、この「安逸な『所得』と利子を生むものという富観は個人に生計の源を与えるだろう」が、そうするとそれは純粋に階級経済学となり、社会的不正義を弁解し擁護し、自らを政治経済学と呼ぶ権利を失っている。[59]

ソディはこのようにいうことで経済学者の富の取扱い方を論破したと信じていた。残念ながら、彼が考える正統派経済学者は、両著作とも前世紀の中葉に書かれたものであるが、ジョン・ステュアート・ミル、H・C・マクラウドの著作、[60] そして今世紀に書かれたE・キャナン教授の著作になるパロディに代表させられ、しかもそれらからの引用に限定されていたのである。ソディが現代の著者による多数の経済理論書のうちの一冊でも調べる労を惜しんでいなければ、彼が物質についてそう定義されるべきだと考えたのと同じように富が定義されているのを知ることになっていただろう。富を測定しようとするいかなる試みも交換価値によらなければならないのであるが、ソディはそのような富の定義はまったく違っているのだと経済学者の行いを非難している。

国の負債が個人の富の一部として数えられるという事実にソディが困惑しているのは、彼が会計技術に精通していなかったことが大きい。これはある品目の両側面を一度に考えるための技術であり、一方ではそれを資産と見て、他方では負債と見る。ここに矛盾はなく、単に慣行があるだけである。ソディにとってこの二重の観点は非常に混乱させられるものであったので、貨幣と所有権を示すすべての証券は負債であって、したがって富ではあり得ないと主張することに大きな紙幅を割いている。(61)

こうして経済学者の富の取扱いを論破したので、ソディは質量保存の法則とエネルギー保存の法則に合致した富の新しい定義を作成する任務に取りかかる。「富の物理的定義は、生活に力を与えるエネルギーまたは仕事の形態あるいは生産物である」という言説は、これらの要件を満たすと彼は考えた。富はエネルギーの形態なので、それは物質であり、心理的なものではない。さらに、「富の生産の背後にある真の要因」は「発見、自然エネルギー、人間の勤勉さ」と要約できるものであるから、無から富を創造することはできないのである。(62) さらに、富の定義には、生活の「事後的結果」として人類に「善、美、真実を愛し、考え、追求する」ための物理的要件が加わる。このいくぶん修辞的な定義は、ソディの用語法でいう富が物質であり、有用であり、所有されるものであるという事実を隠しておらず、それゆえに、彼が同意できないと思っていた通説的または正統派経済学者による美文とはいえない月並みな富の定義そのものである。

この富は、ソディの貨幣論の展開において重要な役割を果たす仮想的富と区別するために絶対的富と規定される。そして絶対的富は富Ⅰと富Ⅱに区分される。富Ⅰは「生活エネルギー、消費エネルギー、物質」に転換される原材料とエネルギーから構成される。この富Ⅰは、普通の表現でいう、消費財とサービスの生産に要される土地、労働、資本といった生産要素に対応しているようである。富Ⅱは、腐敗する物ではなく、永久的な物に転換される原材料とエネルギーと定義され、これは資本財の生産に使われる生産要素に対応すると思われる。

このように新たな定義によるこの主題の細分化は、富の元々の簡明な定義と袂を分かち、新しい要素を導入するものである。物質的であり、有用であり、所有されるものであるという富概念に基づくことは、富が生産要素の同義語であるという観念を上書きすることであり、それは消費者の手元にあるものと完成品としてあるすべての財を富の概念から排除することである。

これはソディの用語法における唯一の混乱ではない。多くの場合で立ち止まって富という用語を再定義することなく、しかも彼自身の定義にさえ合致しないことが明らかな方法で使用している。たとえば、彼は現代社会における不公正の主要源泉の一つとして「富の分配」について語っているが、文脈からいって、所得分配に言及していることは明らかである。(63) 富と所得が区別されていないのはソディの議論の欠陥であるが、これが彼の著作の明快さを典型的に損なっている。所得という用語はソディの著作にほとんど登場しないが、それは貨幣に関する有益な結論を引き出すために不可欠な概念である。

労働が価値の源泉であるというマルクス派の理論を論じる際にも、ソディは富という用語を誤用している。彼は、労働がすべての富の源泉であるという見解を持っているとしてマルクスを非難し、自身は富が労働ではなくエネルギーの生産物であると主張することで、マルクス派の議論の土台を切り崩したと信じていた。[64]

富と資本

ソディの議論が富から資本に移るとさらにはっきりとしないものになる。あまりに多くの矛盾する定義が資本に与えられているため、どの定義が用いられているのかは文脈から判断する以外にない。いくつかの箇所で資本の定義は「事実上、生産、運輸、通信に必要なすべての道具、建物、工場である。そのような生産の手段に対してカメレオンのような用語である資本が当てられている」。この資本が別の箇所では富Ⅱと呼ばれるものの同義語となっている。実際彼は、資本は「永久的富の一形態である」と述べている。[65]別の箇所では、資本は、所得を生みだす生産設備の資本化された価値という意味で使われている。この意味で、富という用語は、いつもそうだという訳ではないが、資本という正確な用語に置き換えられるものである。たとえば、「安逸な『所得』と利子を生むものという富観は個人に生計の源を与えるだろう」との不平に見られる。[66]

しかし、資本という用語が金融的な意味で使われている多くの場合で、ソディは資本価値の所有権を代表する証券のことだけを考えている。こういった株式や債券が企業の負債として発行されている以上、これらは負債の一形態であり、それゆえに、資本は「既に消費された富が、いわば燃料でしかない富が現実には通常の方法で二回消費されてしまうようなものなので、資本は回収不可能な損失であり、共同体の富というよりも共同体の負債である」[67]。「カメレオンのような」用語である資本は数ページのうちに二つの正反対の意味を持つことを余儀なくされる。一方では、物的な所得を生みだす財であり、他方では負債である。ソディが自らの冗長さにどうしようもなくかき乱されたのは不思議なことではない。しかし彼はこの負債形態の意味についてなんらかの結論を引き出そうとあがき続けた。

一世紀前に、マルサスが等比級数的に増殖する人間の不幸な能力を懸念したのと同じように、ソディは負債の複利的増大を懸念した。事業が開始されるとき、株主は出資した資本額だけ負債を負う。そして、ソディは次のように続けている。

この世界では時の経過とともに、すべての初期投資は減価償却のために定期的に更新されなければならず、さらに、工場と操業手段は知識の進歩によって時代遅れとなる。しかし、初期の株主に対する負債は、通常そのためになくなることはない。

この一節に見られる思考の混乱は、ソディが現代の会計手法に明るくなかったことでもたらされた困難の別の例である。新規企業の資本に出資した際の初期の株主への「負債」はまったく負債などではなく、貸借対照表の片側の資産価値と負債側の株主に対するもの以外の負債との差によって測られる企業の純価値の比例持ち分でしかない。工場と操業手段が知識の進歩によって時代遅れとなると、企業の純価値がゼロになるということはまったくありうる。「初期の株主に対する負債」は単にゼロの比例持ち分となり、なくなるのである。

企業の債券化された負債の場合は若干異なり、ソディが「通常の古い時代の資本形態は単なる債務、将来の富の収入に対する永久の先取特権である」と述べたとき、恐らく債券化された負債のことを念頭に置いていた[68]。企業が、債券収入で購買した設備の寿命よりも長い満期の債券を発行して、借り入れる特権を濫用するかもしれないというのはまったく本当のことである。多くの場合、企業は、たとえば一〇年しか持たない設備の購入のために五〇年債を発行して、自らを自由の身にすることができなくするような負債の重荷を累積させている。そのような場合、その負債は「将来の収入に対する永久の先取特権」ではないが、その負債をもたらした資本設備よりもはるかに長く存続する。しかし、債券化された負債が適切に取り扱われた場合、設備の購入に使われた収入は債券の満期までに返済されるため、債券発行に起因する純債務は存在しない。これは考慮すべき重要な問題なので、ソディは自説について若干の弁明を行い、「誠実な貨幣制度の次は、収入をもたらす資本の継続的な償却の必要に向けた改革が最も重要な段階となる」と結論づけている[69]。

富と資本の概念をめぐる混乱にもかかわらず、一定の期間に生産された財とサービスの総所得よりも消費が少ない場合にのみ資本財を蓄積することができるというソディの言説は正しい。いいかえると、社会の生産的機構のすべてを消費者がすぐに使用する財の生産に充てるのではなく、その一部を、機械、道具のようなものの生産に充てる場合だけである。この点で彼の体系はダグラスよりもはるかに優れている。生産の増加に向けた第一段階は禁欲、または節約でなければならない。そうして資本財の供給を保証し、この資本設備の生産物の分配問題に立ち向かうことができる。このような結論はまったく適切なものであるが、それに先立つ議論とはなんの関係もない。とはいえソディは、このような富と負債の取扱いによって問題の難点の一部を確かに解決したと信じた。彼は『富、仮想的富と負債』の結びで「経済学の主題を物理的富と心理的負債に分離したことによって、驚くほど簡単化した」と記している。(70)

仮想的富

ソディの著作の中心問題である貨幣について、議論に道筋をつけるための準備として、貨幣価値を説明するための、富と貨幣を媒介するのに役立つ仮想的富という新しい用語を考案した。彼は、仮想的富を、あたかも既に生産され、どこかに貯蔵されていて、販売を待っているかのような具体的な物または財としてしばしば論じている。たとえば、「我々はそれをGと仮定することができる。Gが財または実物の集合を意味するところでは、共同体は所有を控えている」。このような用語法にもかかわらず、次のように主張している。

この仮想的富は存在しない。それは想像上の負の量、つまり保存の法則にも熱力学の法則にも従わない富の不足または負債である。しかし、それは貨幣でなく富にかかわる量である。

再び、「それは比率ではなく量である」。そうであるとはいえ、次のようにも言われる。

仮想的富は、非常に奇妙で不確定な量であるが、まさしく確定的なものであり、その尺度に真の困難はない。貨幣量が一定であれば、それは貨幣の購買力に比例し、または、価格水準に反比例する。物価指数が一定であれば、それは貨幣量によって測られる。[71]

貨幣、富、仮想的富との関係については次のように述べている。

ある国の貨幣量はその国に貨幣がなかった場合に存在する特定の種類の負債の量である。それは負債のただ一つの種類ではないが、債権者の要求によってなんらかの購入可能な富の形態で返済されるべき唯一の種類の負債である。……いまこの負債がその国の総貨幣量で数量的に表現され、それは貨幣所有者が所有する権利を有しているが、事業または私的な事情のために、自発的に所有しないようにしているか、または所有を控えているすべての実際の物で構成される、真の富の不足を表している。[72]

したがって、仮想的富は負債の一種であるが「共同体の仮想的富は、ある意味では国の負債であるものの、それは永久的であり、必要であり、有用であり、通常は返済できず、利子が付かない負債である」。それは個人が実際よりも少ない購買力しか持たないように振る舞うという事実から生じるのであるが、「国は貨幣で集計した購買力によって実際に所有しているよりも多くの富を持っているかのように振る舞わなければならず、またいつまでも振る舞い続けなければならない[73]」。仮想的富の有益な観点が、利子が付かない量であるということから生じるのか、それとも国が実際よりも多くの「富」を持っているかのように振る舞うことから生じるのかはっきりしない。これらの長い引用は仮想的富に関する言説の混乱を示している。

仮想的富に関するソディの議論の目的は貨幣価値の問題に対する新たなアプローチを可能にすることである。これに関連して、ソディは、鋳貨、紙幣、銀行預金を貨幣という用語に含め、ある時点での共同体における総量は通貨当局以外には変更できない一定の量であるとしてそれらを論じている。

それは貨幣の価値または購買力を測る仮想的富であり、富の価値を測る貨幣ではない。……仮想的富の総貨幣価値は共同体が所有する総貨幣量に必然的に一致するが、この一致は単に真実を覆い隠すものである。実際、仮想的富は貨幣量にほとんど関係がない(74)。

貨幣の購買力は、共同体のすべての貨幣に「値する」「負の、想像上の量」によって測ることができると宣言することは、その理解にほとんど何も付け加えない。ソディが『富、仮想的富と負債』(一九三三年)の第二版序文に「追記」するために準備した彼の立ち位置についての要約でもまったくこの問題は明らかにされていない。ここでは次のように述べている。

価格は本質的に二つの量の関係である。一方は貨幣量であり、他方は富の量である。私の理論では、心理的要素と物理的要素をもたらすこの二重の関係が、財を購買するのに必要な貨幣量だけでなく、貨幣の所有者が、その時点で、それなしで済ませるか、彼ら自身の便宜や必要を除いて、利子やその他の誘因がない場合に、自発的に諦めることができる財の量としても価格を考慮することで得られるのである。

ソディは単に貨幣価値が交換される財の量と買い手である公衆の手にある残高との比率に影響を受けると言おうとしただけかもしれない。しかし、彼は自らの思想を他の著者がそうしているように簡単な言葉に委ねようという気はまったくなく、むしろ冗長な表現の中に自らの思想を飾り立てることに固執した。

貨幣論

ソディは理論的基礎となる富、仮想的富、負債、資本に関する議論を踏まえて、「人民が貨幣制度によって人為的に貧しい状態に留められている」のは、現代社会の金融機構に欠陥があるためだとして、この欠陥の詳細な説明に向かった。

初期の著作でソディは実際の鋳貨と通貨に即して貨幣を考察している。たとえば、一九二二年に執筆された『デカルト派経済学』に関する評論では、貨幣素材の影響をひどく強調しつつ、子安貝から金銀に至るまでの通貨の歴史的発展を辿っている。貨幣の導入には、最も原始的な形態でさえ、共同体の利益と個人の構成員の利益を対立させる効果があった。というのは、「ある者が持つということは、他の者は持つことができない」ためであり、[75]貨幣所有者は「共同体一般の債権者であり、富の要求によって返済される権利がある」ためである。

害悪は、現代の銀行券通貨が使われるようになるとさらに深刻化した。価格水準は流通貨幣量に依存し、価格水準の変動は、生産量、雇用、要するに、景気循環にかかわるその他のあらゆる経済要因に影響したのである。

今日では、一国内の個人が所有する総貨幣の九七パーセント以上が私的に発行され、それがどんなものであっても有形物ではない。……現在の知識と経験に照らしてみると、この制度は国家叛逆罪として、心臓を蝕むひどい癌として、富の生産の問題の解決に向かうことがそれなりに期待されていた善を悪に変えてしまうものとして現れる。筆者の分析では、これこそが経済的停滞の直接的原因であるが、それは共同体の軽信性につけ込んだ人為的で不必要で反社会的なものなので、治すことができる。[76]

現代の経済学者には貨幣の購買力の変動を有益なものとして擁護する者はほとんどいないだろうが、さらなる証拠もなくそのような変動が社会のあらゆる経済的病弊に責任があるとみなすのは妥当ではない。そのような証拠がソディから提出されることは決してなかった。彼は「新しい経済学者はその原因が疑いなく現代の貨幣制度そのものの性質の内にあるのだということに一般的に合意している」と述べることで満足している。[77]

この観点では、貨幣制度の最悪の点の一つは、それが個人消費を可能にするのではなく、後々まで購買力を保持させるところにある。いいかえれば、富よりも仮想的富を選好させ、彼らの貨幣を交換手段としてではなく価値保蔵手段として使わせることにある。「富を分配する貨幣制度がそのように〔価値保蔵手段として〕機能するのは、その力が個人に所有させるのではなく、権利を持つ個人に富を所有させるように強制しているためである」[78]。これはまさしくゲゼルが非常に強調し、スタンプ貨幣の提案に発展させた解決策である。しかしソディが自ら考案した複雑な用語で分かりにくくしているのに対し、ゲゼルはこのことを実に簡明な用語で述べている。

ところが、購買力の背後にある心理的要素は無視されている。ソディには流動性選好の重要性、またはそのような選好尺度としての貨幣の重要性についての認識がないのである。政治的、または軍事的、あるいは経済的状況のために、個人が資産の大部分を現金のかたちか、またはすぐに現金化できるもので保有しようと望む時期がある。この選好に影響を与えうる法律はない。貨幣がこの交換手段機能から生じる選好尺度の地位から強制的に排除されたならば、何か別の商品が代わりにその地位に就くだろうし、流動性選好の相違という一般的問題は未解決のままとなるだろう。

個別商品に対する需要と商品全体に対する需要には心理的要素があるのだか、ソディの議論ではまたもや無視されている。消費者の商品需要は常に所与の価格で取得される量である。財の価格と関連づけられなければ「その時点での、貨幣所有者が買わないで済ませようとする財」の絶対量を決めることはできない。

ソディは、自身の貨幣価値論が〔貨幣〕数量論に内在する一定の諸困難を回避した「発展形」であると信じていた。

数量論は、価格を貨幣量だけでなく存在する財の正の量とも関連させようとしているが、購買が控えられた財の負の量とは関連づけられていない。……実際、それは価格を年間の購買または販売された財に支出された貨幣量に関連づけている。これは価格の説明というよりは定義であり、年間の財に支出された貨幣額は貨幣量と年間にそれが使われた回数であるが、これもやはり反復的である。……仮想的富はこのような複雑さとはまったく無縁であり、それ自体は価値を測る貨幣量のように、量であって比率ではない。貨幣価値は、人々が自発的に享受することを控えた財の総量によって決定され、それのみに影響され、市場で販売されている量には間接的にしか影響されない[79]。

ソディは物価の他の決定要因よりも未使用の余剰がより重要であると宣言していたにもかかわらず、未使用の余剰の決定要因の一つである貨幣の流通速度は重要ではなく、それは測定できないため、実際の目的に照らして無視しうると主張している。ソディとゲゼルはともに利用可能な統計に対して同じように高慢な無関心さで自説を述べているが、この点では両者は対立している。ソディは「人々がそれを譲渡するか、しぶしぶそれを手放すときの速度または嫌気……は、必ずしも仮想的富または貨幣の購買力に影響しない」と結論づけている。別の一節では、彼は流通速度を不変と仮定している[80]。彼がこのように仮定したのは、恐らく速度の測定という仕事が彼には成し遂げられないと思われたためであろう。事実、通貨の流通速度は測ることが難しいのだが、全体の支払いの大半を占めている銀行預金の場合はまったく話が違う。所与の期間の流通速度の値を得るためには、その期間に振り出された小切手の総額で平均預金残高を割るだけでよい。速度の変化が貨幣量と銀行預金残高の変化を完全に打ち消しうるという一九三三年以降の合衆国で起きた極めて重要な事実を、ソディは意識的にか無意識的に無視しており、後に見るように彼の全体系を損ねている。

銀行と銀行信用

現代の産業社会では購買力のほとんどが通貨ではなく銀行預金の形態を取っていることにソディは完全に気がついていた。この点で彼の分析は、事実上、商業銀行と銀行預金を無視していたゲゼルのそれよりもはるかに優れている。ソディはむしろ他方の極に走り、ほとんどの経済制度の病弊は、銀行が「貨幣創出」の特権を奪い、そうして世界に「現代のいわゆる銀行制度の最も目立った特徴である定期的な崩落を不可避にしている」と非難している[81]。

ソディは銀行小切手による支払いの経済性と効率性を認め、商業銀行の機能を廃絶しなかった。彼が不満だったのは、銀行家が「一筆することで」小切手の振出しと財の購買ができるように、彼らの顧客に購買力を創出することができるということであった。

この存在しない貨幣は、販売を通じてそれ〔貨幣〕との交換に何かを諦めた者の手に渡り、したがってその者はいまでは存在しないモノを所有している。このようなばかげたことが起こりえ、それにもかかわらず拒否できない(82)。

このようなばかばかしさはソディの言葉が二重の意味で使われていることによる。商業銀行が貸付の際になすことは、ソディが述べているように「無から有を」創造しているわけではなく、むしろ顧客の支払約束に基づき、通常は他者の証券か支払約束を担保にして、顧客の信用をより広範に受け入れられる自らの信用で代位しているのである。これによって、それまでは後日まで入手できなかったものに直ちに支出することができるようになる。その後に借り手は借入資金の助けを借りて、生産物を市場で販売したり、なんであれ商業活動を営んだりすることで、この活動の収益から満期日に借入金を返済するための金額を用意しておくのである。その際、借り手の購買力は初期の額から増加した利子の付加分だけ減少する。貸付と返済の帰結は共同体の総購買力の純増にはならない。純増はその貸付が行われる速度が、返済が行われる速度よりも速い場合のみに起こる。反対に、貸付の返済速度が新規の貸付が行われる速度よりも速いならば、共同体の純購買力は減少するだろう。

ソディはこのような業務をまったく理解することができなかった。彼は、銀行が、資金が支出される目的、貸付が返済される銀行に提示される担保、または借り手の評判を考慮せず、何も受け取らずに何かを与えているかのように記述している。まるで銀行の内部をまったく見たことがなく、融資申込者全員の信用状態が収められた信用部門の壁に並んだ書棚の列を見つめたことがないかのようである。

ソディによると、銀行貸付はすべて本質的に「擬制」であるから、借り手は泥棒のように見えるという。実際に、流通貨幣の総価値を銀行預金に加えたものが、イングランドの年々の「富」の総生産に概ね等しいので、それは「何も生産しない抜け目のない奴らによって拾われるのを待つ『豪華な賞品』を文字通り請い求めるように、この国の概ね一年間で生産される富が存在しているように見える」とソディは評している[83]。これらの所見の一般的含意は明白である。銀行信用の借り手は何も生産することなく何かを得ることによって社会から騙し取る詐欺師である。もちろん、ときには贋金作りが貨幣を発行するように、抜け目のない奴らが権利を持っていないのに信用を受け取るということは事実である。しかし、大多数の銀行からの借り手は比較的小規模な事業に従事する勤勉な製造業者と商人である。

担保付貸付の場合は、借り手が無から有を得ているわけではないのに、これさえもソディは認めていない。「もしその担保が売却されるならば、貸付に等しい購買力は買い手から借入人に単に移転されるだけであり、社会的不公正は生じない」が、この同じ担保に対する貸付は、販売されたものが直後に買い戻されるのと事実上同じことであるものの、道徳的には非難されるべきものである。このこと〔担保貸付〕が認められないのは、このような行為は「一件の資産に二人の所有者が一度にかつ同時に」存在することを許してしまうためである[84]。

ここで再びソディが流動性選好の概念をほとんど持っていないことが明らかとなる。多くの投資家が株式と債券を選択するのはまさに必要が生じた際にこれらを融資の担保として利用できるためである。証券をこのように利用したいと望む投資家に対して、貯蓄銀行に資金を預け、必要なときにそれを引き出すようにすべきであると言ってみても、問題は解決されずに、むしろ問題を個人の借り手から銀行の側に押しやるだけである。そこで、もし貯蓄銀行が担保を提供しても借入れることが認められなかったら、彼らは下落相場で売却せざるをえなくなり、深刻な結果を招いてしまうだろう。

さらにソディは、購買力の増加はインフレーションの危険な形態であるという理由で、商業銀行による信用の拡張に反対している。彼は銀行貸付には返済が必要であることを知らないかのようにこのような行き過ぎた非難を行うことがある。

法律は新たな代用貨幣を流通させた詐欺的な贋金作りを偽造通貨行使罪で厳罰に処するのに、こういった方法で利子付きで貸付けるために、事実上、大規模にそれを創造することを銀行に許可しているのは初学者の目には非常に奇異に映る。それは贋金作りよりも、はるかに利益のあがる事業であり、共同体一般に対してずっと深刻な結果をもたらすのである。他の時代であれば、これは明白な国家叛逆罪に該当するものであろう。

総購買力が増加した結果として「物価はこの増加に比例して上昇し、あらゆる者の購買力は減少し、はなはだしい社会的不公正が起こる」(85)。

ソディが銀行や他の媒介者による信用の過剰拡張を恐れるのは正当であるが、それが過去に誰かが預けた資金に基づいている限り、商業銀行によるすべての信用拡張が必ず過剰拡張であるとみなすのはまったくの誤りである。商業銀行が貸付を短期の自己回収的な性格のもの、つまり銀行貸付が返済資金そのものを供給する過程に限れば、そこには一般的な信用拡張の危険はほとんどない。

商業銀行のそのような前貸しが認められていなければ、商人と事業家は相互に資金を融通することを余儀なくされ、専門的な信用機関がこのようなサービスを提供している場合と比べると、長期的には社会的費用が高くなる。製造業者が顧客に融資することを余儀なくされれば、彼は商業銀行と同じように利子を請求する必要に迫られる。利子は現金支払いに対しては割引という負のかたちをとることもあるが、いずれの場合でも借り手の観点からは費用である。あるいは、銀行信用を商人の相互信用で代替しても信用の過剰拡張を防ぐことにはならない。騰貴がはびこる産業では価格が上昇し、生産の過剰拡大が起こるので、その帰結として、商業銀行で信用創造されるか、事業家の帳簿上で信用創造されるかにかかわらず、信用の過剰拡張が引き起こされることになる。

利子論

ソディは、一方では借り手を詐欺師とみなし、他方では借り手を銀行の利潤に対する貪欲さに虐げられた犠牲者であるとみなしている。借り手は自分が受けている信用に対して利子を支払うことを強いられているためである。ソディの語彙では、「利子」は「高利」の同義語であり、彼はそれを中世の神学者のような辛辣さで語っている。彼は、借り手である事業者が銀行から請求される穏当な利子率と、行き詰まった貧困者が苦境に陥ったときに高利貸しから請求される法外な利子率を区別していない。

ソディはより客観的な「利子」ではなく軽蔑的な「高利」という用語を一貫して使っている。『科学の顚倒』（一九二四年）にて、彼は「高利を廃絶する」ための価格安定化を主張している。その後の『富、仮想的富と負債』では、「一枚の贋金を偽造することもなく、高利のために国の貨幣を何倍にも増幅させる」銀行制度を批判している。『デカルト派経済学』（一九二二年）では、利払いを正当化する経済学者を攻撃し、「高利貸しは職業的な経済学者を簡単に口説き落とせることを知っている」と付け加えている(86)。

利子への最初の攻撃は、銀行家が「無から有を」創り出したことで利子を受け取っているという理由に基づいてなされている。戦前のイングランドの銀行家は預金のうち一五パーセントしか現金で準備金を保有する必要がないことを知っていたので、彼らは一〇〇ポンドの預金ごとに、総額で六六六ポンドを貸付け、つまり元の預金よりも五六六ポンド多く貸付けることができた。この額は、利子率が穏当な五パーセントに抑えられていたとしても、銀行家は二八ポンドの利益を受け取ることになり、当初の一〇〇ポンドの預金に対して、利益率は二八パーセントになると計算している。ソディは次のように結論している。

したがって、銀行が預金者の口座を見返りなしに進んで維持するのが普通であることは驚くに当たらない。経済学者は、ある人がどのように所得を得て、どのように消費するのかを分析する際に、この利子が銀行業のサービスに対する支払いであると明らかにみなしており、管見の限りでは共同体の費用としてそれを評価しようとしたことはない(87)。

預金額に対する利益率を計算するのはばかげている。銀行にとって重要なことは資本に対する利益率である。利益率は景気の状況によって大きく変動するが、二八パーセントという値に達するのは、非常に例外的な時期か、非常に例外的な銀行でしか起こりえない。

ソディは銀行家への利払い総額を「国の歳入から控除された……年間一〇〇万ポンドのオーダーの毎年の手数料」と見積もっている。これに対しソディは、小切手の決済を除き、その利益を相殺するようなものは何もないと明らかに考えている。このような銀行制度の費用の見積もりから第二の利子に対する攻撃が導かれる。それは、中央政府は自らの制度の下で貨幣を発行し、利付国債の発行を避けることができるのだから、これは不必要な支払いなのだ、というものである。この提案は次節で検討される。

この議論全体が依拠している利子論は、ソディ自身はほとんど自覚していないものの、純粋に貨幣的なものである。彼は貨幣の供給と貸付資金の供給が同じものであり、その要素が影響を与える一方のものは必然的に他方のものにも同じ比率で影響を与えるかのように一貫して語っている。彼が価格安定化を議論するのは、それによって銀行家から「意のままに通貨を流通から引き揚げる」機会を奪い、利子を廃絶するためである。同じ想定は後の著作にも登場し、金鉱の発見という繰り返される波が流通貨幣量を増加させていなければ、「高利は法外な率に上昇していただろう」と述べている。彼は通貨改革案の事例を論じる際に、再び「投資に利用できる貨幣が増え、そうして、利子率を下げる助けになるのだからまったくよいことである」と述べている。[88] 時間選好、または流動性選好、あるいは資本財の生産という概念さえ台無しにする利子に対するこれほどまでに無邪気な態度を真剣に受け取ることは難しい。

一〇〇パーセント準備計画

経済体制の主要な病弊を取り除くためにどのような救済策が適用されるべきかに関して、ソディの心に一切の迷いはなかった。経済問題に関心を持ち始めた時期である一九二四年に書かれたものの中で、彼は次のように考えていた。

したがって、結論は極めて単純である。物価は貨幣流通の管理によって固定されなければならず、それゆえに貨幣流通は常に歳入の増減に比例して増減される。公的な通貨の発行と回収による物価指数の固定がこれを果たす(89)。

このような物価指数に対する初期の信条はそれを構築する技術的な難しさを知っても揺らぐことはなかった。ソディはこの問題についてアーヴィング・フィッシャー教授に従い、詳細な決定を彼に委ねることに甘んじていた。ソディは「物価」の概念さえ定義していないし、通常は生計費指数の見出しで発表される消費者物価のみを含むべきなのか、それとも卸売物価と原材料物価をも含むべきなのかについても言及していない。小さな共同体の内部でさえ、小売物価は著しく異なっているために、政府機関が発表する公的な物価指数の大部分は卸売物価だけを含んでいる。選定された諸価格の加重も最終的な物価指数の重要な要素である。

あらゆる技術的な問題が解決されたとしても、流通貨幣量の変化が、価格水準を期待した方向に、期待した程度の影響を与えることが証明されなければならない。ソディはかつて〔貨幣〕数量論を批判していたが、彼はこの因果関係に言及する中でこれを受容し、予測できない流通速度を含むあらゆる他の要因が一定であり、それゆえ、流通中の貨幣量と銀行預金額の所与の変化が価格水準の比例的な変化をもたらす、と考えている(90)。

後期著作で、ソディはこの単純な管理貨幣方式のはるか先に進んだ。物価安定化への第一歩として、一八四四年の英国銀行法の廃止と国立銀行の新設を提言している。この銀行と支店では、商業手形の割引による「擬制的」貸付が禁止されるが、他の顧客のそれまでの預金総額の貸出と政府証券を担保にした貸付が認められる。これは銀行家が「任意に通貨を発行し、流通から引き揚げる」ことを不可能にする。貸付総額が銀行預金額と政府証券の額を超えることができないためである。政府は、貸付資金額の増加のために、適切な証券を発行し、その額の減額が望ましければ証券を償還することができる。

この計画は各銀行に預金総額を限度として政府証券とその他の資産を交換することを義務づけることで実施される。そうして、これらの証券は政府が印刷する「国家貨幣」と交換されることになるだろう。この貨幣を裏付ける金属準備は提供されない。この貨幣は政府証券の支払い時に政府によって発行されるので、いくらか租税が減少する。ソディは、この貨幣は安定的な物価指数を維持するために必要なだけ発行されるべきであるので、歳入源としての租税に完全に取って代わってしまうことはないと考えていた。物価が上昇し始めると、租税を通じて貨幣の一部が引き上げられ、その貨幣は政府によって支出されることなく、破棄される。物価が下落するときは、租税が減らされて、より多くの貨幣が流通させられる。

この計画下での銀行は、以前の貸付が返済された場合にのみ新規の貸付を行うことができる。この時点で銀行に返済義務を負う借り手は、借入金の返済のために「貸付時に提示した担保証券か他の資産を」売却する義務を負うだろう。これらの〔返済〕資金は銀行に還流してくるので、銀行は再び貸付けることができるようになるが、通貨と銀行預金の総額は、政府が歳入を超過する支出によって通貨を増発することを決定しない限り、計画が実施された時点での額を超えて増えることは決してないだろう。

通貨と預金の総額を増やすことができないということは、共同体の支出総額が不変であるということを意味しない。通貨と預金の流通速度を一定に保つ方法はないので、預金額は変わらないままであっても、事業共同体の預金利用の著しい増減が、価格水準を変化させる原因になりうる。ソディは、物価下落時により多くの紙幣を流通させ、物価上昇時には租税を通じてより多くの紙幣を回収するという以外にこの問題の解決策を持ち合わせていない。だが、そのような方法が望ましくない物価変動への適切な対処であると想定すべき理由はない。紙幣と預金の流通速度が、流通紙幣量の単なる変動に必ずしも影響されないためである。流通速度の変動を引き起こす要因は紙幣の増減にほとんど影響されないだろう。しかし、それ以上減らすべきではない信用残高の下限を定めるのは簡単ではない。

このことは経験が証明している。事業拡大に適した他の条件が存在しない場合、低い利子率の下でどの程度の信用が得られるかにかかわらず、事業家は借入を行わず、資金は銀行の中で遊休することになるだろう。

ソディの制度からこの種の逃避を防止するために、彼はゲゼルから遊休貨幣に課税するという案を借り、最低銀行残高に課税することで退蔵を防ぐべきであると提案している。こういった方法は、流通貨幣にスタンプを貼付するゲゼルの提案と同じように実施しても効果はなく、単に遊休資金を維持するための様々な他の方法を生み出すだけであろう。

ソディは、消費者がすべての財を購買できるよう十分な貨幣を流通させることが重要であると強調しているが、統計学の専門家に進んで任せた物価指数以外にその「十分さ」の基準を提示していない。指数が安定している限り、政府が行動する必要はない。彼の見解では、指数が下落するという最も蓋然性が高い事態では、政府がより多くの利子付債務を償還し、より多くの国家貨幣を発行する必要がある。指数が上昇する蓋然性についてはほとんど考慮されていないが、その場合は恐らく、政府は課税の拡大によって流通から国家貨幣の一部を回収するのだろう。いずれの場合でも、そのような操作がどのように実施されるのか具体的に述べていない。

しかしソディは、新しい通貨制度の下で、利子が付かない新通貨が実現する利子の節約は、すべての課税を不要とするほどには、十分な歳入を政府にもたらすことはないだろうと警告している。

それにより納税者は純粋に擬制的な貸付に対する一億ポンドの年利子の支払いから解放されるこ

とになる。この年々の利子は納税者が国家に貨幣を貸付けた債権者に対して支払われるものであり、現行制度下では銀行信用として新しい貨幣を創造する銀行のサービスの対価として銀行に移転され、担保債権の所有者に対して供与されるものである。したがって、租税は、いわゆる通貨の増加を妨げるために課され、銀行に支払われる。そうではなく、通貨の増加を妨げることを望まないのであれば、国家が利子付きで借り入れる理由はないだろう。(91)

政府が歳入の必要の一部を満たすために国債を発行する代わりに貨幣を安全に発行しうるということが事実ならば、どうして全歳入をこのような単純で簡単な方法で得るべきではないといえるのだろうか。

流通貨幣量の単なる増加それ自体が十分な手段なのではないと強調したことはソディの功績として大いに評価されるべきである。はじめに、より多くの資本設備への投資を可能にするための貯蓄がなされなければならない。次により多くの財の生産がなされ、その後にのみ、消費者が必要とする財を分配するための流通貨幣が増加する。したがって、ソディは、予備的貯蓄の重要性を強調する際に、流通手段の単純な増加が財の量を増加させると仮定していたダグラス少佐よりもはるかに優れていることを示している。

この計画の下で、商業銀行は、貸付可能な資金量の変動に対するすべての責任から解放され、この責任は、財務省、中央銀行、あるいは特定目的のために設置された機関を通じて行動する政府が負わなければならない。これは新しいことではない。政府は長らく鋳貨の鋳造に責任を負っており、多くの場合、紙幣の印刷にも責任を負っている。信用の利用が商取引の慣行となる前には、政府は交換手段への責任を独りで負ってきたのである。

政府の通貨管理の歴史には、これがインフレーションと恐慌を防止するというソディの確信を根拠づけるものは何もない。政府が行ってきた管理は、その拡張がインフレーションにつながるような場合でさえ、縮小ではなく、ほぼすべて拡張に向かうものであった。流通手段が鋳貨であった時代に、政府は流通量を増加させ、政府支出の増加を可能にするために、鋳貨を軽くしたり改鋳したりしてしばしば品位を落とした。近代になると、多くの政府は紙幣の印刷によって同様の目的を達成しようとした。中央銀行を通じて通貨を管理する国々では、拡張に対する監視を法律で定めていることが多いが、「好況」が拡がっているときにそのような監視を実施しようとする中央銀行は、実際にその特権の一部が剝奪されるような罰則が科されない場合でも厳しく批判される傾向にある。

一〇〇パーセント準備計画で主張されている利点がどのようなものであるかについて支持者たちの間でいつも合意があったわけではなく、むしろ多様な見解があった。ソディ自身は、この計画が貨幣の「不変の購買力」を保証し、長期的には貸付が貯蓄からなされなければならないという意味で「あらゆる貸付は真正でなければならない」と考えていた。彼はまた、この計画が公的債務を解消してしまうことはないが、削減を可能にすることで、公的債務の利子分だけ租税を減らしうるとも考えていた。これらのことが達成されると、経済体制の「定期的な崩壊」が根絶されると考え、景気循環が廃絶されることを示唆している。ソディの熱烈な支持者の一部は一〇〇パーセント準備制度が歳入を安定化させることを付け加えている。

合衆国のソディの支持者は、詳細に描かれていない細目を多少なりとも完成された制度へと拡充しているが、支持者たちの間で取扱いが大きく異なっている。ヘンリー・C・シモンズ教授の指導下にある「シカゴ・グループ」は『自由放任のための建設的計画』を一九三四年に出版し、一〇〇パーセント準備制度を金融改革計画の中心に据えている。この計画では、連邦準備銀行は連邦政府に所有され、一般の商業銀行は二種類の新しい銀行に置き換えられる。第一種は小切手決済のための預金口座の受入れと顧客の小切手の清算の機能を有する。この銀行は顧客の預金に対して準備銀行に現金と預金で一〇〇パーセントの準備を維持しなければならない。この準備は、準備銀行に銀行が所有する国債とその他の担保証券を預金残高分売却することで調達される。これは「投資の大幅な増大と準備銀行の債務請求」によって、準備銀行が事実上連邦債務の大部分を所有することになることを意味する。経済学者のグループは、この計画が「増税とインフレを伴うことなく、債務の重荷」を解消すると仮定する素朴な過ちを犯している。この過ちはソディも同様に犯していたものである。準備銀行が国債を除く担保をどの程度取扱うことができるのかについては言及されていない。しかし二年間の移行期間が設定されており、そういった疑問は恐らくすべて解決されると想定されているのだろう。これらの預金銀行はもはや貸付をすることはなくなるので、経費に見合うだけの手数料を顧客に請求しなければならなくなるだろう。そうして、預金者は銀行倒産の危険から完全に保護されることになるのである。

第二種の銀行はこの計画の下で貸付に特化し、そうすることで貸付と預金を完全に分離している。これらの銀行は投資信託と似ていて、自行株を発行して、貸付資金を確保する。この方法を通じて、短期貸付は「長期貸付とほとんど変わらない方法で管理され、民間機関による有効な流通手段の創造と破壊はできなくなる」。銀行のこういった変更に加えて、それがなんであれ、厳守されることが必ずしも重要ではない特定の規則としての「貨幣政策に関する特定規則」が採択されることになるだろう。

一〇〇パーセント準備計画の細目を埋めようとするもう一つの試みは、ハーバード大学のロークリン・カリー教授の『合衆国における貨幣の供給と管理』である。この提案では現在の商業銀行が預金の受入と決済の機関として存続する。一〇〇パーセント準備は銀行資産の政府への売却によってなされ、政府はこれを満期まで所有し、満期時に同額が政府債務の解消に使用される。政府による巨額の抵当管理にかかわる問題にも、政府が引き継がなければならない現在銀行が担保として所有している企業株式の問題にも触れられていない。このテーマにかかわるほとんどの執筆者とは異なり、カリー教授は国債の政府紙幣による単なる代替が、政府が支払う利子額を減少させて社会的な純利得をもたらすと仮定するような間違いを犯してはいない。

融資の実行は貯蓄銀行か商業銀行の貯蓄部門に任されている。担保証券を有していない時代遅れな借り手も利用することができるが、彼らは「過去の時代に属し」急速に没落しているため、彼らに対する規制は必要ないとされている。新種の貸付に対する需要が生じた場合、銀行が個人への融資を拒否したときに個人向け融資会社が設立されたように、この需要に対応する新機関を創設することができる。

価格水準の安定を維持するために、貨幣供給は年率二〜四パーセントで増加させなければならないのであるが、この額は政府によって印刷され支出されることができるので、ある程度の租税の削減につながるだろう。

銀行預金に対する一〇〇パーセント準備計画は、一八四四年銀行法で期待を込めて定められた銀行券に対する一〇〇パーセント準備計画にまさに対応するものである。この法律の起草者たちは、少なくとも一〇年に一度は発生していた恐慌の原因が紙幣流通を拡大する銀行の権限にあると確信していた。銀行券の発券を一〇〇パーセント準備に結びつけることにより、インフレーションとその不可避的な後継者であるデフレーションが回避されると信じていた。金が国外に流出すると銀行券流通は削減されなければならず、その帰結としての物価下落は好ましくない金の運動を転換し、外国為替を修正し、金を還流させる。この計画は論理的で実に簡明であるが、機能しなかった。なぜなら、銀行券を流通から強制的に排出させる弾力性は、銀行預金という排出口と小切手の使用を見いだしたためである。新規貸付は銀行券ではなく当座貸越のかたちで行われ、拡張の進展は新法ではチェックされなかった。

ソディとその支持者たちは、一八四四年銀行法が銀行券発券の望ましい安定性を達成できなかったことを認めざるを得なかった。(92) しかし、彼らは一〇〇パーセント準備の原則が失敗したことを認めず、むしろいまでは銀行貸付の拡張の主要な手段である銀行預金にも適用されるべきであると主張している。このとき、この方法がより成功的であることを証明するための、また銀行家と事業家が一〇〇パーセント準備によって制限されない新しいタイプの貸付手法を開発することによって、この要件を回避することができないというべき根拠を示していない。多くの潜在的な抜け穴があり、事業家と銀行家は彼らの創意をいまだ出し尽くしてはいない。単純な救済策は複雑な状況に合致せず、一〇〇パーセント準備という装置が景気循環という用語に集約されるような複雑な要素の絡み合いに対処できないということは前世紀の歴史から非常に明らかである。

ソディの評価

経済システムを安定化させるというソディの希望は近代史のあらゆる時期に繰り返し現われているものである。彼の希望を実現するための計画にはあらゆる他の安定化計画と同じ致命的欠陥があり、それが元々の不安定性という害悪と同じくらい悪い硬直性につながっている。

ソディが問題に対処する際に用いた周到で煩雑なアプローチはこの主題を混乱させただけである。彼は、科学的な研究方法の適用と原子の問題を解決したときのような単純明快な用語で経済問題の解決策を獲得することを期待したが、残念ながら社会科学に適用される際の科学的方法のなんたるかについての思想を持ち合わせていなかった。彼は利用可能な証拠をほとんど利用せず、自らの言説の事実確認を怠り、統計上の用語を感情的な言葉に置き換えてしまった。ソディの科学的方法は、科学の概念と社会科学の概念との人工的で不毛な比較以上のものではないことは明らかである。経済問題の解決法はただ科学的な用語で議論するだけで科学的になるものではない。この科学者の手によって、科学は神格化されたパロディになってしまったのだ。

第4章 クリフォード・ヒュー・ダグラスと社会信用

自らの計画を推進するための大衆運動の形成に最も成功した貨幣改革家はクリフォード・ヒュー・ダグラス少佐である。彼は一八七九年にイングランドで生まれ、エンジニアとしての教育を受けた後に、一九一四年の戦争前の六～七年間をインドでエンジニアとして働いた。そこで彼は「戦争直前の時期に、貨幣の不足という問題がいつも存在していたために、私が関係していた様々な種類の仕事を続けていくことが非常に難しくなった」という事実に強い関心を持つようになった[93]。たとえば、イギリスの織物工場は、不可欠な原綿をインドから購入することができなくなったし、同時期にインドの自治体も水道事業に必要なエンジンをイギリスから購入することができなくなった。

戦時中、ダグラスが王立航空工廠で働いていたときに、その工場が生産する財の価値よりもはるかに少ない週払い賃金額で契約しているということに気づいた。この事実のうちに、彼がインドで関心を抱くようになった購買力の不足を説明するものがあるかもしれないと考えるようになったのである。戦後、彼は直ちにこの問題について数本の試論を執筆し、ワシントンに渡航して数人のアメリカ人と議論した後に、イングランドに戻り自らの計画を推進するために捧げられたキャリアを開始したのである。

ダグラスの最初の著作は一九一九年に出版された『経済民主主義』であり、そこには社会信用、社会配当、費用と賃金の関係についての基本的見解が含まれている。これに続くのは『信用力と民主主義』、『生産の統制と分配』、『社会信用』であり、いずれも一九二四年までに公表されている。第二作は第一作と比べるといくらかの思想上の発展を示しているが、第三作は大部分が前二作の思想や表現、そして、この期間にダグラスが講演会で述べたことを繰り返しているに過ぎない。第四作の『社会信用』は、主題全体をより高い領域に引き上げ、純然たる経済問題に留まらず、「哲学」「古典思想」「経済的自由の構想」についてのより一般的な考察にも専念している。これらの期間中に非常にたくさんのパンフレットを著すだけでなく、経済改革を取り扱う雑誌、とくにダグラスと懇意の友人でかつてはギルド社会主義者であったA・R・オレイジによって編集された『新時代』に論文を寄稿している。一九二四年以降、ダグラスは本の出版を中断したが、その中断は一九三一年に『民主主義への警鐘』と『信用の独占』が公刊されるまで破られることはなかった。

ダグラスの諸著作は、多くの点で前世代に属するゲゼルはもとより、同時代のソディよりもはるかに現代的な性格を持っている。彼は経済生活の事実に精通していることを示し、証券その他の市場の取引方法についての深い知識に基づいて費用と販売価格について語っている。ゲゼルとソディがしばしば自ら構築した非現実的な世界の住人のように見えるのに対し、少なくともダグラスが未来の計画についてではなく現在について語っているとき、しっかりと大地を踏みしめながら歩いているように見える。

ソディと同様に、ダグラスもアーサー・キットソンの著作から影響を受けている。「キットソン氏は、金本位制の欺瞞を果敢に攻撃し、より一般的には、貨幣問題の圧倒的な重要性に、当初は製造業者の、後には一般公衆の注意を向けさせることで、よりよい産業社会に向かうための最も価値ある貢献をなしたのである」[94]。実際、ダグラスの用語法の多くはキットソンのそれを想起させるし、社会信用の着想も彼から直接に継承したものである。

ダグラスは社会主義に反対したけれども、決して現在の資本主義体制の擁護者ではなかった。彼は、資本主義がこれまで達成してきた貢献を認めていないという理由から社会主義者と他の改革者たちを批判したが、彼自身も、資本主義体制の現在の機能の仕方については極めて批判的であった。戦争、失業、ストライキ、貧困は、現在の資本主義が現代的生活の要求に適合していないことの証明である。「私たちが知っているような形態での資本主義体制は役目を果たし終えているので、もっと有益な形態に代替されるべきだろう」[95]。

その際のダグラスの不満の理由が、ソディやゲセルとはまったく異なっているという点は注目に値する。ダグラスも貧困を目の当たりにして心を痛めることがあるかもしれないが、彼を改革者として駆り立てるものは、貧困の悲惨さよりもはるかに、全階級の生活水準が実現可能な水準を大きく下回る水準に押し留められてしまう非効率性にある。彼は情緒的な改革者の役割を繰り返し非難し、効率性を一義的に追求する実務的なエンジニアの立場に立たなければならないと述べている。エンジニアが期待するものとして、ダグラスは次のような機械に異議を唱えることはなかった。「機械であれば一〇秒で生産できる必需品を、一〇時間かけて手仕事で生産することは決して美徳ではない。なぜなら、機械によって解放された人びとをその解放の程度に応じて他の目的に振り向けることができるためである。ここでは個人が解放されるべきであるということが事の本質である。ただ生活を維持するということ以上の目的を追求する自由が達成されるべきなのだ[96]」。

ダグラスは、ソディと同様に、生産の問題は「どんな困難でも解決できる」と信じている。分配機構が正常に機能し、現在の「『有効需要』不足」が解消されるならば、次のような事態が生じるとダグラスは考えている。

> したがって、文明世界の生存条件は、それを時間エネルギー単位で表現するならば、一八歳から四〇歳までの全成人が数分の日労働をするだけで十分であるというだけの確固たる根拠がある。……この点について正確な数字を挙げることはできないけれども、通常の条件と適切な指導の下で、一人当たり三時間強の日労働をするだけで、現代生活のあらゆる要素の消費と償却を十分満たすことができる。

同じテーマについての別の議論で、ダグラスは潜在的生産能力をなおいっそう過大に評価している。

アメリカが生んだ最も有能かつ教養のある産業エンジニアの一人である故H・L・ガント氏は、一九一九年の合衆国の産業効率性は約五パーセントであると報告したことがある。彼はその原因を的確に説明している。それは産業過程の効率化に取り組む管理者にその利益が支払われないからであって、管理者が効率化の方法を知らないためではないのである、と。これは十分根拠のある、注目すべき言説であり、多くの示唆に富んでいる。もし全産業の効率性が七五パーセントに達したと仮定するならば、このことは既存の工場で働く人間の所与の労働時間によって可能になる産出物の七五パーセントが獲得され、分配されることを意味する。さらにまた、労働強度を強めることなしに、ガント氏が指摘したような低い効率性で働いても、合衆国が必要とするすべてのものを生産できると仮定するならば、国は適切な条件下では、同数の労働者によって現在の労働時間の一五分の一で同量の生産物を生産することができるだろう。つまり、一日約八時間の労働の代わりに約三〇分の労働、またはいまと同じだけの時間を働くのであれば、労働者の数は一五分の一で済むということである。(97)

この引用文は、ダグラスの議論によく見られる、楽観的で誇張された誤謬に満ちあふれている。一九一九年の合衆国の産業効率性が五パーセントであるというガント氏の言説は「労働強度を強めることなく」所与の工場の効率性を七五パーセントに向上させ、労働日を現在の長さの一五分の一に短縮できるかもしれないという主張の根拠にはまったくならない。実際、そのような言説には意味がない。あらゆるエンジニアは、かりに費用を考慮する必要がないとして、駆動部品の柔らかい金属に代えて白金を使用することができ、価格を考慮することなく燃料を選択することができるならば、ほとんどの機械の技術的なパフォーマンスを大幅に向上させることができるということを知っている。それにもかかわらず、資本財への投資を大幅に増加させなければ、現状の産業設備の技術的なパフォーマンスを向上させることも、優等な新設備を作ることもできない。それればかりか、技術的なパフォーマンスが一五倍に向上したとしても、そのことによって必ず一五倍の財を生産できるようになるわけではないし、一五分の一の労働時間で同量の財を生産できるようになるわけでもないのである。

合衆国の工業設備が不況期に完全稼働していなかったということは事実である。ソウバーが見積もっている生産性は、すべての設備、労働、原料が最も効率的に利用され、しかも、異なる生産の種類が原材料から完成品までの財の円滑な流れを確保できるように注意深く連結させている場合にのみ達成できるものでしかない。ブルッキングス研究所の緻密な研究である『アメリカの生産能力』は、一九二九年には、現在の労働力と資本財の設備による産業機構の全体の約八〇パーセントを稼働させていたが、それ以前の一九二五～二九年の稼働率は僅かにそれを下回っていたに過ぎないという結論に到達している。いいかえれば、国の生産力は多くても二〇パーセント向上しうるだけであり、そしておそらく完全稼働によっても二〇パーセントの向上は実現できないだろう。

ダグラスの過少消費論

ダグラスによれば、後に考察されるように、生産されたすべての財を消費者が購買することは決してできないため、社会の生産設備が完全稼働することはない。資本主義的または金融的生産体制が導入されて以来、このような状態にあるため、生活水準は長期にわたって低落している。「世界の生産領域で分配される賃金、給与、配当の総額は、資本家が資本主義体制の下で要求しなければならない価格の場合には、購買可能な生産物は減少していく」。その結果として、「購買力の観点で測ると、一四世紀のイングランドの鉱夫と比べて、現代の鉱夫はより低い生活水準のために明らかに長い時間働かなければならなくなっている」と述べている。だが、このような主張にはまったく根拠がない。ダグラスは、別の文脈でそれに修正を加え、一九一五～一六年の短期間に、労働者の実質賃金が上昇していたかもしれないということを認め(98)、「資本と科学的進歩に裏付けられた私企業とその土台となる物質的改善可能性なしには、過去数百年の急速な発展は達成されなかった」ことを認めている(99)。しかしこれらの修正によっても、過少消費が生活水準の下落をもたらしているという立場を放棄することはなかった。

ダグラスは過少消費論を景気循環論として提示しているわけではないということに注意すべきである。ダグラスにとって過少消費とは、資本主義的生産の永続的現象である。それは、原材料の生産者と最終生産物の生産者の間にある中間段階、そこでは工業化が進み、より多くの資本財を使用し、より多くの機械が使用され、より多くの機械力が人間労働に代替し、生産量が増大していくような段階があるという事実から生まれる。このように一般的に認識された資本主義的生産の特徴に基づいて、ダグラスは過少消費に関する全理論を構築しようとしている。この理論の定式は著作ごとに修正されている。ある著作が批判されると、一般的命題を放棄しないで、その批判から逃れるために立場を変更しているためである。その結果、理論に関する言説は、理論的成層が形成されたものとして、時間とともに複雑に成長していくのである。彼の社会信用計画は過少消費論に依拠しているので、各層を追跡していく必要がある。

この理論の最初の最も簡素な定式化は、はじめての単著『経済民主主義』（一九一九年）に現れる。

世界の全生産領域において分配される賃金、給与、配当の総額は、次第に購買できる部分を減少させていくため、生産を統制することができなくなる。……このことは次のような具体例からも明らかになるだろう。一〇重量ポンドの鉄のボルトとナットは、三シリング六ペンスに値する一一・五重量ポンドの原材料を必要とするだろう。屑鉄の販売価格はおそらく一ペニーにしかならないだろう。原材料から完成したナットとボルトに加工するために支出される総労働時間の賃金価値を五シリングとし、平均的な設備には直接的な時間経費の一五〇パーセント、つまり七シリング六ペンスを要するとしよう。そうすると、この工場の費用は一五シリング一一ペンスであり、そのうちのちょうど半分である七シリング六ペンスは設備費である。設備費の約七五パーセント、または約五シリング七ペンスは後に減価償却される勘定と、その時点で分配されないか工場の外で支出されて分配されるかする勘定との合計額である。その支払いは明らかにその製品への支払いによる評価に依存しているが、それが議論に影響を与えることはない。販売費と利潤を付加しなくても、世界の購買力には一五シリング一一ペンスの費用が発生しているにもかかわらず、ここで考察されている製品には六シリング一一ペンスだけが分配されているということは明らかであろう。

かくして消費者は、自らが生産者として市場に提供した財を購買するための十分な購買力が得られないという極めて深刻な事態が発生することになる。(100) いいかえれば、生産費用は、常に販売価格を上回るということであり、ダグラスの言葉を借りれば「賃金、給与、配当の現在額を媒介にした購買力の分配とは、とどのつまり生産物の分配の失敗である。そして、分配が中断するとき生産も中断するため、この体制は完全なる機能不全に陥るだろう」ということである(101)。

このような単純な言説はあまりに脆弱であったため、すぐに理論的に反駁され、ダグラスは次の著作『信用力と民主主義』でより精緻化された定式、有名なA＋B定理を提示した。

> 工場または他の生産組織は、財の生産者という経済的機能の他に金融的機能を併せ持つ。それは一面では、賃金、給与、配当を媒介して個人に購買力を分配する装置であり、他面では、金融的価値としての価格の製造所であると理解することができよう。このような観点から見れば、その支払いは二つのグループに分けることができる。
>
> Aグループ――個人へのすべての支払い（賃金、給与、配当）
>
> Bグループ――他の組織へのすべての支払い（原材料、銀行手数料、他の外部費用）
>
> いま、個人への購買力の流通率がAで示されるが、すべての支払いは価格に含められるため、価格の流通率はA＋B以下になることはない。いずれの工場の生産物であっても、中間生産物は、多くの場合、個人ではなく、製造工程中の製造業者だけが使用するものであるとはいえ、公衆が購買できるものでなければならない。しかしAはA＋Bを購買できないため、少なくともBと等しい生産物の比率が、Aグループ以外の購買力の形態を通じて、分配されなければならない。

追加的購買力が貸付信用（銀行の当座貸越）または輸出信用によって供給されることが後に説明される必要があるだろう(102)。

第二の引用文における言説は、最初のものよりもいくらか正確であり、しばしば引用されるものであるけれども、二つの引用文の間に本質的な相違はないので、一方に対する批判は他方に対する批判としても妥当する。はじめに、「賃金、給与、配当」が生産者の支払いに含まれるAグループは、個人所得をなす費用の唯一の部分であるとするダグラスの仮定を取り除かなければならない。生産の最終段階においてさえ、土地利用に対する支払いは、生産者の観点からは費用であるけれども、土地所有者にとっては所得である。Bグループに属する別の項目には、原材料、銀行手数料、その他の外部費用があるが、それらは等しく個人所得に還流するものである。たとえば、原材料は土地と労働の生産物であり、土地を所有し労働を供給する個人は生産過程に対する貢献から必ず所得を受け取る。原材料生産に機械が使用されるとき、この分析はもう一つ前の段階に戻されるだけであり、そして再び機械はその製造から所得が引き出される土地と労働の帰結とみなされる。銀行手数料も同様に、事務員に支払われる給与、土地所有者に支払われる地代、株主に支払われる利子、そして銀行業務に使われる補助機器やタイプライターの製造に関与した個人に支払われる賃金、地代、利子に分解される。生産の最終段階における費用の一部が、それは生産の初期段階においては費用の大部分を構成するものであるが、個人というよりも「組織」や「機械」に支払われるという事実だけでは、最終的な販売価格の一部が個人の所得として支払われていないことの証拠にはならないのである。資本化された産業の拡大は、個人の分け前よりも「組織」の分け前を増加させることによってではなく、最終段階の個人に対してよりも中間段階の個人に対してより多くを支払うことによって、所得分配に影響を与えている。それゆえ、ダグラスは「世界の総生産の大きな、増大し続けている部分が、個人によって購買されることはない。それが国民的な組織か否かはともかく、いずれかの組織によって購買され支払われるが、個人には使用されないものである」と述べ[103]、そして「機械装置の使用の増加とそれを価格に転化するための間接費の資本化は、とりわけ賃金を媒介にして、購買力を分配することをますます無駄なものとする」[104]と結論づけている。だが、このようなダグラスの結論は正しくないばかりか、彼が主張しようとしている論点、すなわち個々人は、彼らが生産したすべての財を市場で購入するのに十分な購買力を持っていないという論点にとって少しも現実的重要性を持つものではない。

ダグラスは費用と利潤という用語に何が含まれているのかについて少しも明確に述べていない。彼の第一作『経済民主主義』では、先に引用した鋼鉄製のボルトとナットの説明の中で、「工場の生産費」に「主要原材料、労働と給与、設備費」を含めている。設備費は「全設備の維持費の比率」と定義される。それに加えて、販売価格は、あたかも利潤が資本利子と同義であるかのように解釈したうえで、「販売手数料と利潤」を保証しなければならないと言及している。さらに、これら二つの概念に直接的に関連づけながら、彼が「利潤または配当」について語るときには、事業に投下された資本の利子と借入資金の利子とを利潤に含めている。両項目とも個人所得の形態であり、したがって、ダグラスが問題にするところの、所得分配によって保証されない価格の増加部分を構成することはないのである。また、数ページ後には、あらゆる生産費に加えて純粋利潤の要素を利潤に含めているかのように、「なんらかの金融的または商業的業務は、数字の上での膨張に現われるような利潤に帰結するだろう」と述べている。彼が「現在の条件の下では、利潤は生産への刺激となるものであるために、価格は費用と最小限利潤の和を下回って下落することはない[105]」と明言するとき、利子と経営者の賃金に加えて真の利潤があるものと考えている。しかし後者の場合、利潤は事業主の所得の形態となるだろう。『信用の独占』（一九三一年）でダグラスが次のようにいうとき、その意味は依然として不明瞭である。「どのような立場にある人間も、自分にとってなんらかの意味での利益がなければ行動することはないということは、私にとっては決して自明ではない[106]」という言説は、賃金とその他のあらゆる形態の所得を利潤と考えているようにみえる。

ダグラスがこれらの項目をすべて含めようとしているときでさえ、なんらかの個人所得を構成しないものはない。販売費用と利潤は所得の形態なので、A＋B定理におけるBグループには設備費以外に残るものは何もない。そして実際、これが批判を受けて修正しなければならなくなったダグラスの立場にほかならない。これこそが、あたかも現金の退蔵が怠惰のために許容されているかのように、「あらゆる大工業会社によって、準備金、減価償却のために現実に留保される巨額の資金なのだ」と語るものである。

これらの額は、その言葉の通り、公衆への財の販売によって獲得されたものであり、その結果、それらの財の価格として現われるものである。もしそれらの額が、準備金か、いわゆる「健全な金融」と呼ばれるものに充てられないならば、それらは配当として分配され、購買力として利用されることになるだろう。それらが分配されないと、すなわち購買力として利用されないと、実際、最終的には、どのような形態であっても、貸付は生産された財貨の価格として不可避的に現われ、貸付の償還に回されることになる(107)。

実際は、減価償却のために留保されるこの「額」は、一定の資産価値の損失として評価されるだけである。そのような控除がなされないならば、事業は実際に稼いだ以上に稼いだとみなされることになってしまい、その結果、実際の稼ぎ以上のものを配当金として支払うことになり、最終的には支払能力を失ってしまうだろう。

ダグラスがこの問題を論じる際に時間の要素をもっと強調していたならば、もう少し頑健な基礎を持つことができたであろう。所与の期間中に、商品の生産諸段階に従事している個々人になされる支払いが、その商品の最終的な販売価格を下回りうるということはまったく正しい。彼はある議論の中でこの事実について「賃金、給与、配当の現在の流通額は、生産された財貨の価格価値の現在の流通額よりも小さい(108)」と言及しているが、そのことが意味する真の重要性には気がつかなかった。個人に対する所得の支払いの流れと財が消費者の手に渡る流れが、絶えず一定の速度で進行しているならば、一ヶ月の間に生産された財がその月中にすべて販売されなくとも問題にならない。販売速度が不変ならば、製造業者は、前月中に生産された財が今月中に販売されるので、今月の生産物が販売されたことにして、費用項目に対する支出を賄うだろう。生産速度から乖離して販売速度が変化するようなときには、このような状態は危険に晒される。生産速度が以前のままで維持されているのに、販売が減少した場合、製造業者は深刻な事態に直面する。このような流通速度の不一致は、景気循環の基本問題の一つであるが、ダグラスは景気循環に関心を持たず、初期の著作では費用価格関係の観点をも無視して、さらに分析を深めようとしなかったのである。

一九三一年までの厳しい批判を受けて、ダグラスは新たに単行本を上梓し、購買力と物価のギャップに関する理論的な批判に答えようとしている。だが、ダグラスの反批判は、その批判の趣旨をまったく理解してなかったばかりか、先述の要点を見落とし、次の引用文にみられるようにA＋B定理を一般的な形式で繰り返しているだけである。「一連の生産において、貨幣の支払いが二回かそれ以上なされるところでは、生産物の最終価格は、支払いに対応する購買力の増加なしに、貨幣量を支払回数で乗じた分だけ上昇するのである」。また、各生産段階に商品が絶え間なく流れているとき、ある時点でのすべての段階は協働関係にあるはずだとの批判に対しては、ダグラスは五つの段階を必要とする過程を例に挙げ、「現代世界では、これら五つの過程のすべてが同時に遂行されるなどということはありえない」と反論しただけだった。

ダグラスは、週一ポンドの賃金で資本家のために六週間かけて亜麻布を紡績する労働者の例を用いて、自身の見解を次のように説明している。

明らかに、亜麻布の費用は六ポンドになるはずであり、これに、資本家が設定する利潤を追加したものが価格となるだろう。「いずれ」六ポンドすべてが分配されるにしても、この亜麻布を購買するのに必要な購買力の六分の一だけが分配されるということはまったく明白である。

そして、次のように続けている。

いずれその貨幣は分配されると述べたとしても、そのことはこの特殊な事実には関連することのない一般論に該当するにすぎない。挽き臼は流れ行く水を挽くことはできない。中間生産物に分配されたすべての額が、証券の形態ではなく、現実的な購買力の形態で実際に貯蓄されるということが示されたにもかかわらず、現在の価格システムの下で通常の理論的作用から引き起こされる購買力の流通速度が、同じ期間内に形成される価格を常に下回る、という私が正しいと信じている見解を前提せざるをえない(109)。

ここで疑問が生じる。かりに、中間過程から消費者への最終財の流れが一定の速度であるならば、中間過程で支払われた額は、恐らく通貨か当座預金のかたちであろうが、貯蓄される必要はない。ダグラス自身の織工の例を借りると、六人の織工が働き、各人が週一ポンドを受け取り、各人が毎週六ポンドの価値の亜麻布を資本家に引き渡すならば、毎週に分配される購買力の大きさは、毎週に市場に出荷される亜麻布の費用と正確に一致し、彼の言葉通りの意味での過少消費は存在しないことになるだろう。

ダグラス自身、自分の例示の明白な弱点に不安を抱いていたために、同書で唐突に立場を変えている。「誰もが認めるこの難問の理解の助けになる別の方法がある」。たとえ、賃金、給与、配当が新たな生産に等しかったとしても、中古の財への購買力は存在しないだろう。「しかし、この仮定によって、生産者から消費者への販売とは区別される消費者間の販売は不可能になるだろう。財が生産から消費のシステムに移行する瞬間に、この貨幣価値は新たな生産循環に融資され、銀行に戻る途中で消失してしまうために、彼らが貨幣を持つことはないだろう」。

ダグラスは、このように中古の財の販売が不可能になることを証明し、それが実際にどのように起きるのかについての説明を続けている。中古財の販売は、失業保険の支給を通じた新規の貨幣発行、輸出財に対して外国から支払われる貨幣の受領、外国人によって投資された資金、販売を強いられたか破産手続きを通じての費用以下での財の販売、抵当と社債に対する前貸による資金によってなされる。にもかかわらず、彼は提供された購買力は「生産システムを完全に稼働させるのに必要となる額よりもはるかに少ない」と断定するのである[110]。

ダグラスは物価と購買力の間に存在すると彼が信じたギャップを埋めるのに信用が役立つことを早くから認めていた。もし彼が中古財のケースについて信用以外の要素を認めていれば、生産者が消費者に新品の財を販売する場合にそれらの要素がなぜ作用しないのかということが問われただろう。ダグラスは、中古財のケースを証明しようという熱意が行き過ぎ、遂にそのような問いに取り組むことがなかったように思われる。

一九三四年のカナダ下院委員会での証言として、ダグラスは銀行信用の循環という観点から、彼がA＋B定理の「一形態」と呼んだ別バージョンを披露した。生産過程を通じて消費者に提供される購買力ではその産出物を購買することができないのはなぜか、との質問に対して次のように答えている。

よろしい。この問題を理解する最も簡便な方法は、銀行を起点とした貨幣は一定期間内に銀行に戻ってくることを認識することである。ここに貨幣流通の循環がある。私はカナダの事情については知らないが、グレートブリテンのことについてはある程度のことを知っている。グレートブリテンでは、費用から価格に再び戻ってくるときの平均的な貨幣の循環速度は約二週間である。いま、この期間で、価格の作用を通じてすべての費用を再び取り戻すことができるならば、販売されている財を購買するための十分な貨幣が分配されていることになる。ところが、価格の大部分を費用が占め、しかも、二週間の循環期間外に生じた費用が占めている。周知のように、これらの費用のうちの多くは五五年以上の期間を経て戻ってくるのである。つまり、社債費用、機械費用、もっと広い意味では、直接的労働費用以外のほぼすべての費用は、二週間の循環期間の外で発生したものである。これらの費用は、二週間の循環における購買力の固定的な大きさの回転によっては支払うことができない。これらの費用は、この期間に形成された価格を購買するために利用できる購買力を超過していることを意味している。いいかえれば、いまのところ、あなた方は弁済できるよりも高い比率の負債を生産過程で作り出しているということなのである。(11)

コプランドとロビンズの批判に答えるために、一九三六年に書かれた『新旧経済学』ではまたもや自らの立場を変えている。ダグラスは何よりもまずA＋B定理への論難を取り上げているが、そこでは彼らの議論に反論するのではなく、彼らの批判方法に議論の矛先を向けている。「この問題に対する正しい接近方法は……さしあたり、その状況が事実である場合には、そのこと自身がその定理を確証するというものである」。つまり、ダグラスの用語法での過少消費がある場合には、その原因についての彼の説明が正しいに違いないという前提に立たなければならないのである。同じ論法は、間接費は購買力を増大させることなく費用を増加させることはない、というダグラスの主張に対する彼らの批判に反論する際にも用いられている。ダグラスはこの論点に答えることなく、間接費の有無に論点を絞り、「もし彼が帳簿勘定に計上していない工場を私に示すのであれば、私は彼にその工場は破産に突き進んでいることを示すだろう」と挑発している。

ダグラスは、購買力が増加しないのになぜそれに対応した費用が生まれるのかについて説明する中で一つの重要な告白をしている。すなわち、財が中間的生産段階を通過するという事実に依拠するという従来の説明に加えて、価格を超える超過費用を説明するためのまったく新しい一連の理由を付け加える。「一単位の貨幣は、費用システムを通じて無数に流通し、各流通は、新規の購買力ではなく、新規の費用を創造する」。それは以下の理由からである。（一）貨幣利潤は公衆から徴収される。（二）貯蓄のために購買が抑制される。これはゲゼルからの影響だろうか。（三）貯蓄は新規の資本財の投資となる。（四）費用回収と価格形成の間の流通速度の相違は、前期の費用会計循環から価格に持ち越される費用に帰結する。実務的にはすべての工場の経費にこのような性質がある。（五）銀行の証券販売と貸付金の回収からデフレーションが発生する。

ダグラスは、このように自分の立場を取り繕う中で、過少消費についての以前の説明が不十分であったことを認めている。実際、中古財のケースでも購買力が形成されるとする彼の説明を採るならば、製造過程が複数の段階からなる場合には、費用が価格を超過することはないとの説明を支持する理由はほとんど残らないだろう。

費用と所得を関連づける理論の中で、ダグラスは景気循環における最も重要な要因の手掛かりに接近したのであった。その一つの観点は費用と所得の比率の変化であったが、もし彼がこのことを認識し、循環の問題に素直に取り組んでいたならば、この経済学上の難問の解決に多大な貢献をしていたかもしれない。しかしダグラスは、費用と所得の比率は常に一定であり、しかも費用は常に所得を超過し、したがって、ここでの問題は循環的なものではなく、規則的なものであると主張している。彼は変更された論理的根拠に基づいて自らの立場を証拠づけるということは決して行わなかったのである。

ダグラスは、以上のような過少消費論に立脚して、消費者の貯蓄を社会的に望ましくないものとみなしている。たとえば、ある個人が所得の二〇パーセントを貯蓄することは、支出を二〇パーセント削減することと同義であると考えたのである。それは、生産された財が市場に持ち込まれずに廃棄されるか、それとも別の場合には、所得が支出されていれば生産されていたはずの財が生産されないか、のいずれかの結果を伴うかにかかわらない。ダグラスは、通貨を地中に隠すような貯蓄と、資本財需要を増加させるような銀行に預金された貯蓄または証券に直接投資された貯蓄とを区別していない。こうしてダグラスの貯蓄という用語はゲゼルの退蔵という用語と同義になり、ゲゼルと同じように社会的観点から有害なものであるとされたのである。

ダグラスは税についても同様の観点から、政府によって徴収された税額は市場から取り除かれたものであるとして、その税額が財の総需要の減少を意味するかのようにしばしば語っている。しかし実際は、政府の歳入は、政府職員の賃金として支払われるか、物資の購買に支出されるか、公共事業の原材料と設備の購買に支出にされるか、のいずれかである。現代の政府が実際に通貨を退蔵しているという例はほとんど記録にない。ダグラスは、直接税がデフレーションをもたらすと信じていたので、「それを支払うか否かの決定権を個人に与える」[112]売上税を選択する。もっとも、売上税が食品に課されるならば、食品にはそのような決定権は付与されないだろう。

価格論

ダグラスは、総費用が諸個人の総所得よりも大きいという自らの説を証明した後で、販売価格が費用を保証しなければならないので、総価格は総個人所得を上回るはずであるということを示す、次の段階に議論を進めている。このような目的に沿って、はじめに単一の商品の価格についての理論を展開している。

価格は単に需要と供給の問題に過ぎないというのは広く流布している謬見である。というのも、そこでは価格の上限が調整されるのであって、自由競争の下で、下限は費用に、生産への金融的誘因を与える最低限の利潤を加算したところに固定されているためである。財の単なる過剰が、大規模生産に伴う本質的な経済性とまったくかかわりなしに価格の下落を招くとしばしば仮定されているだけに、このことに留意することが肝要なのである。これらのすべての財が吸収されない場合、劣化が費用を積み残していくに違いないから、その帰結は正反対となるだろう[113]。

ここであえて追記しておくならば、ダグラスは、最後の文章の中で、ある期間の価格が「次の」期間の費用によって相殺されることを認めることで、彼自身の問題設定を台無しにしている。上に引用された価格論は極めて不適切なものである。第一に、ダグラスは短期と長期の価格を区別していない。もし生産が継続しているならば長期の価格が費用を補填するというのは正しい。とはいえ、短期の「財の単なる過剰」が、価格を生産費以下に引き下げるということは頻繁に起こりうる。第二に、ダグラスが「価格の上限だけ」が需要と供給に支配されるというとき、それが何を意味しているのかを理解するのは難しい。需要と供給とはその時々の価格水準に従って購買または提供される財の量の表である。需要表と供給表が与えられた所与の時点の市場においては、これらの二本の曲線が交差する点が、当該商品が交換される価格を示すだろう。その際、二本の曲線が交差する点が上限であるとは限らない。事情によっては、市場に提供される所与の量の商品には価格帯があり、他の要因によってこの幅の中で価格が上下することもありうる。しかし、ダグラスが上述の文章を書いたとき、そのような事情を考慮していたことを示唆するものはなく、需要と供給の理論を理解していなかったという結論を導き出さざるをえないのである。

以上のような取扱いは、ダグラスが個別商品の価格から一般物価の説明に転じるときますます不適切となる。

ここで、この生産費用は個人の有効需要を表す。そして、現在の経済体制の第二公理は次のようになる。

$$平均価格 = \frac{有効需要}{需要のある財}$$

これは、平均価格は財に対する購買力の比率によって決定されているということであり、多くの留保を付けたときにのみ正しいものとなる〔貨幣〕数量論の誇張した表現に過ぎない。にもかかわらず、ダグラスはこの公理から直ちに次の結論を引き出している。

その結果、現体制の下で、私たちがこのような中間生産物をより多く生産するならば、個人が消費する財の価格はそれだけ騰貴する。それこそが、無分別な生産至上主義の要求が愚かで有害であるといわれる理由なのである。上記の価格についての定式が、いわゆる需要と供給の法則の下で正しいならば、もっともこの法則について議論は尽くされていないとは思うものの、財が多かれ少なかれ生産されたとしても、また貨幣が多かれ少なかれ分配されたとしても、そのようなことは実際には取るに足りないことだ、ということはすぐに理解できるだろう。たとえ、十分とはいえない量の財であっても、利用可能なすべての貨幣を吸収してしまうためである。[114]

この引用文の前半部分は、購買力が不変の場合、中間生産物の増加が「需要のある財」または消費財の量を減少させるので、消費財の平均価格を上昇させるということを示唆している。だが、中間財の比率が高まっているときに、購買力が不変であると仮定すべき理由はない。産業革命と呼ばれるものが始まってからというもの、確かに価格水準が顕著に上昇してきたといえるが、それに伴い、購買力の規模が増大し、消費財の量も増大してきた。しかし、いずれの事実も、中間財の比率の高まりとの直接的な関連を示すものではないのである。

消費者の所得に対する中間財の比率の高まりから一般的物価水準を説明しようとするダグラスの方法に一定の妥当性があるとするならば、産業化と分業の進展に伴って、法律家、医者、教師、大勢の販売員といった、財の生産に関与しないにもかかわらず、消費財に支出可能な所得を得る職業に従事する人々が非常に増加しているというもう一方の事実を考慮することが必要となるだろう。ダグラスはこの事実を無視している。この事実はダグラスの例示を台無しにしてしまうためである。そうして、彼の分析は有形物を生産する製造業に限定され、サービスの創造についての議論は避けられている。実際、初期の著作ではサービスの生産にまったく触れていない。一九三一年に『信用の独占』が公刊されたとき、はじめて「財とサービス」について語り始めたのであった。

ダグラスは価格の不足に陥る所得額を与えようと試みているが、その数字にはひどく広範な変動がある。たとえば、第一作目の『経済民主主義』で、彼は費用に対する所得の比率を示し、「これを四〇パーセントと仮定しよう」と述べている。[115]『生産の統制と分配』（一九二二年）では、「このことについて、少しばかり退屈な研究を行ったことで、現在の価格が五倍以上の高値になっているということを、私は確信を持って言明することができる」と言及している。[116]これは費用に対する所得の比率が二〇パーセントであることを意味する。その少し後に書かれた『信用力と民主主義』では「定義された意味での生産の、定義された意味での消費に対する比率は、四対一に収まっていると疑問の余地なく見積もることができる」と主張している。いいかえれば、費用に対する所得の比率は約二五パーセントだということである。[117]一九二三年のカナダ下院議会の公聴会では、所得は費用の約四分の三であることを示唆したが、「そう想定しよう」と述べることで自身への批判を封じようとした。[118]一九二五年には、ダグラスは、価格と所得を一致させる「最も実行可能な方法」は、消費者価格から二五パーセント控除することであると提案した。換言すると、費用に対する所得の比率が七五パーセントだということである。彼は次のように付言している。

もちろん、私は説明のために二五パーセントという数字を用いたが、一九一九年にこの問題についていくらか詳細な研究を行い、消費者の実際の控除率は二五パーセントというよりも九〇パーセントとした方がもっと実態に近いという結論に達した。そのときには、この結果はいくぶん懐疑的な公衆にさえ衝撃的なものであったことを認めよう。深刻な不況の帰結として……いまでは消費者の実際の控除率は約三五パーセント～四五パーセントになっているだろう。[119]

この「詳細な研究」の内容はまったく明らかにされていないばかりか、その結果の詳細についても読者には公開されていない。

銀行と信用

ダグラスが主張するように、消費者の所得が商品価格によって補塡されなければならない費用部分を決して上回ることがないということが正しいならば、工場や倉庫に財が滞留することで、このシステムが長期にわたって崩壊しないのはなぜなのだろうか。ダグラスは次のように述べている。

このシステムはまったく機能してないように見えるだろう。機械の異常は運転音や軋みによって簡単に判断することができるが、このシステムが正常に作動しているときには、その内部である種の分配が行われているという事実を考察するための何かがなければならない。それは輸出信用と貸付信用の二つである[120]。

こうしてダグラスは銀行業と信用の役割について考察することになる。多くの点でこれらの問題についての彼の考察はゲゼルやソディよりも優れている。とくに、通貨を取扱わずに、銀行信用を利用して、事業者間の勘定を清算する仕組みについての叙述は優れている。ダグラスは現代の工業諸国における支払手段としての銀行預金の優位性を認識しているためである。さらに、自身の定義通りには必ずしも使用していないという問題はあるものの、的確に信用を定義していることも付け加えてよい。

だが、ひとたび銀行業と信用に関する彼の見解が過少消費論に持ち込まれると、途端に解決不能な矛盾に陥るのである。

このような矛盾の最初のものは、信用と価格についての言説に現れる。ダグラスは、費用と価格のギャップは貸付信用によって埋められると述べた後、次のように続けている。

ところで、このような貸付信用は消費者にはまったく利用することができない。なぜなら、そこには商業価値がないためである。むしろ、貸付信用は、製造業者だけでなく、金融業または商業のような利潤を生みだす事業にとっても大きな刺激になる。

このような見解は、数ページ後にも繰り返されている。「貸付信用は、半製品、設備、中間生産物、等々を刺激するのに最も適した有効需要の形態である。そして……『現金』信用は実際に個人に消費される最終生産物のために必要なものである……賃金稼得者に関する限り、産業システムを通じて分配される貨幣の全体によって供給される」。

貸付信用が消費者に供与されないものだとすれば、消費者の購買力不足が現体制の最も深刻な欠陥であるとダグラスは強調しているが、彼自身が陥っていたジレンマは貸付信用を持ち出したとしても解決されることはない。そこで、次のような説明を加えて解決しようとしているが、それによって新たな矛盾点を生みだしてしまっている。

この論点には追加的な要因も加わる。あらゆる大規模事業は信用に基礎を置いている。一般的な小売り需要に対する商品の場合は、価格が費用の限界を上回って上昇する傾向がある。なぜなら、大規模な工程の完了に先だって分配された額は、小売市場の有効需要となり、また大規模な工程が完成した暁には信用の拡張によって支払われるためである[121]。

ここでダグラスは、過少消費論を展開するときに精力的に否定していた、中間製造段階で分配された額が消費者の所得となり、小売市場での有効需要になる、ということを認めているということはできないだろうか。

後期の著作では、消費者に支払われる現金所得と銀行から製造業者に提供される貸付資金とを区別しようとする試みを放棄してしまう。一九三一年の『民主主義への警鐘』で、彼は「生産に分配された貨幣」はどうなるのかと自問し、「それは銀行によって創造され、創造者に還流したときに破棄される」と答えている[122]。同年の『信用の独占』でも同じ用語を用いている。

本質的な点は、所与の貨幣額が消費者の手を離れ、発生源である銀行に還流する道程にあるとき、それは消滅への道であるということである。この消滅が、銀行からの道程で創造された価格価値の消滅の前に起こるならば、そのような消滅の所作は貨幣と価格の不均衡を作り出す[123]。

この方がずっと現実的なアプローチであり、貸付信用の資金は消費者の手に決して渡らないという初期の見解に内包されていた難点を回避できる。残念なことに、ダグラスがこのような後期の見解に辿り着く前に、過少消費論の基礎が批判によって揺さぶられ、費用と価格のギャップをどのように架橋するかの説明において、信用よりも他の要素の影響を認めなければならなくなったのである。

ダグラスは、消費者の購買力を増加させる要因として、銀行信用とともに、輸出信用を指摘したけれども、彼はほとんどそれに注意を払わなかった。たとえば、輸出信用に代替する「外国または輸出需要」に言及した際にも[124]、その論点を追求しなかった。輸出が、ダグラスによって提起された、既に存在している財に対する消費者の購買力の増加という問題を本当に解決するのであれば、輸出は財の輸入によって相殺されないため、輸出需要は純輸出に限って有効需要になるといえよう。

後期著作において、ダグラスは、現代の工業諸国間の外国市場を求める競争を強調している。彼は共産主義への嫌悪を表明しているけれども、この問題に対する彼の立ち位置は共産主義者のそれとまったく同じであろう。そうして、この問題が彼の計画によって解決されなければ、戦争は回避できないとする『民主主義への警告』という任務を引き受けるのである[125]。

ダグラスは現代の産業システムにおける信用の重要性を十分理解している。「ここでもう一度言っておいてもよいだろう。購買力の総体に対して、この信用要因が、主要な位置を占めかつその役割を増していないような、現代的な生産システムを包含する経済体制をどのようにしたら想起できるというのか、私には分からない[126]」。しかし彼は、現行の信用制度は次の観点から誤っていると考える。それは、第一に、インフレーションの傾向があるためであり、第二に、デフレーションの傾向があるためである。

銀行信用はインフレ的である。なぜなら、それは「半製品、設備、中間生産物、等々」のために貸付けられ、その「貨幣は、貨幣が分配される個人の購買対象とならない財貨のために分配されるため、現実的な購買力を持たない。こうした個人に関するものである限り、単に通貨膨張を引き起こす」。さらに、「このような貸付と貸付が創造する購買力は、生産と消費に機械的に結びつくものではない」。なぜなら、「銀行貸付は銀行預金を創造する」ためである。このような見解を証明するために、ダグラスは「決定的な数学的証明」を導入する。彼にとって必要と思われる資料を数学装置に投げ込んで、反駁不可能な微分学を駆使して、銀行が営む貸付から預金を創造する事業についての、彼が望むような証明を乱造することを可能にしたのである。(127) しかしこのことは、貸付が生産と消費に関連するか否かという課題に対してなんの回答も与えないのである。

ダグラスによれば、購買力と生産の分離は、金匠が、銀行券と同じように、預託された金よりも多くの預金証書を発行し始めたときに起きた。現代では、銀行預金が銀行券に代わり、通貨膨張はいっそう起こりやすくなっている。金融的な信用の利用によってインフレーションは発生するのである。ダグラスは、財とサービスの生産能力の正確な評価に基づく「実質的信用」と「実質的信用が数字の上で反映されたものの一種であり、個人または共同体が貨幣を配分する能力を正確に反映したものであると定義できる」「金融的信用」とを区別する。この実質的信用の定義は、信用と生産を密接に関連づけていることが窺える点で優れたものであるが、ダグラスは、銀行の信用のみが金融的信用にかかわるとみなし、それが生産と結びついていないことをもって、インフレーションに帰結すると主張するのである。(128)

ダグラスはインフレーションを賞賛することなく、高い物価は高所得を相殺してしまうと正しく指摘している。[129] 彼は「数字の上でのインフレーション」と信用の利用に起因する「購買力の稀釈」について繰り返し語っている。しかし、他方で彼は、購買力の不足が生産にとっての深刻な障害になると主張している。ダグラスは、銀行信用による購買力の増加がどの程度になると、費用と所得を一致させるのに必要な額を超えてインフレーションを引き起こしてしまうのかをはっきりと示すべきであった。初期の著作において、彼は、銀行信用が中間的生産段階にのみ影響を与えると考えていたが、そこでは信用が費用を膨張させる傾向を持つため、消費者の状況を悪化させると見ていたように思われる。しかし、それと同時に、信用が追加的購買力を提供することで、費用と価格の間のギャップを架橋するとも考えていた。後期著作においては、信用が消費者の購買力を増加させうることを認め、多少の一貫性が保たれるようになるが、銀行制度がインフレーションをもたらすのだという批判はやめていない。

他方、ダグラスは、銀行制度がその権力を濫用することでデフレーションを引き起こしているとも非難している。ダグラスが、銀行家、金融制度、金融的利害などと様々に呼んでいる巨大な権力の真の源泉は、金融的な信用を供与する能力にある。社会が財を購買するための潤沢な貨幣を必要とする一方で、金融的利害が社会における彼らの権力を維持するために貨幣の不足を保とうと望むので、これらの利害はあらゆる他の社会的利害と対立する。ダグラスはこの見解を補強するために、「グレートブリテンのバランスシート」を持ち出し、人口、自然資源、設備、公共サービス、のれん、仕掛品、消費可能財といった資産項目を提示している。負債項目としては、国の負債、「銀行家（有効需要の潜在的創造者)」、保険会社、現金請求権、公共サービスのための税をあげている。このように奇妙な項目の提示は、銀行家と保険会社が「負債」であることを証明するためになされているのである。そして、「端的に言って、金融制度はあらゆる他の利害に対立しているように思われる」と結論づけるのである。

金融的利害がデフレーションに向かうということのさらなる証拠として、ダグラスは一九二九年の合衆国の崩落をあげている。「連邦準備銀行制度の行動、部分的にはコールマネーの利子率を引き上げたことが……また別の部分としては、利子率と無関係に貸出資金の返済を求めたことが、この時代を終わらせたという事実は覆しようがない」。また、「この不況が究極的には回避できないものであったか否かということは別にしても、連邦準備銀行を通じて活動する金融的利害によって引き起こされたということは確実である」[130]。アメリカの銀行法に精通しているほとんどの人々は、連邦準備銀行のコールローンの利子率の引き上げや、資金の返済といったことを彼に語らせはしなかったであろう。

ダグラスが、銀行制度がデフレ傾向を有していると非難した別の理由は、それが銀行貸出の返済を可能にするという点にある[131]。この点はソディがしばしば強調したものである。両者は、あたかも資金の返済を認めることが、一部の銀行家の道徳的堕落であるかのように語っている。なぜならそれは共同体の購買力の純損失を意味するからである。ソディとダグラスが、貸出と返済に係る利子率が不変である限りでは、共同体の購買力の実質的な変化は起こりようがないということを理解していない。特定の商品に融資するためになされた銀行の貸出が、取引が完了した時点で返済されてはならないと考えるべき理由はない。購買力が共同体に長期に残存することを容認するならば、それは価格水準の安定に逆作用し、インフレーションを引き起こしてしまうだろう。

ダグラスによれば、現行の銀行制度の最も重大な欠陥は次のような仕方で信用が供与される点にある。

銀行家から供与される信用は、本源的には共有財産であるというのに、彼自身の私的利潤を主たる動機としている。本質的にはそれはただ実物資本の価値としてのみ評価されるものである。それは設備等々を含む所与の条件下で社会が遂行しうる仕事に関する潜在的能力の評価である[132]。

この文章もダグラス批判を困難にさせる曖昧な用語法の好例であろう。この文章をどのように解釈しても、ダグラスはその解釈とは違った解釈を示すことで切り抜けることができる。そこには彼の言説を反証するための統語法がないのである。したがって、誰かが生産能力の評価という前半の信用の定義を取り上げても、それがどのように「共有財産」になるかを推し量ることはできない。また誰かが、社会が遂行しうる仕事の能力という後半の定義を取り上げても、そのような定義の全体が無意味である。なぜなら、社会は自らの仕事の遂行能力を評価して、自らに信用を供与しなければならないからである。また、信用とは「ただ実物資本の価値としてのみ評価される！」とするダグラスの用語法も一般的な混乱を引き起こしているといえよう。

社会信用と国民配当

以上の議論に併せて、ダグラスは、生産と購買力のギャップを埋めるための、社会信用というよく知られた計画を提案する。ダグラスは、彼の計画の「先駆者」として失業保険に言及しているものの、このギャップは社会保険や老齢年金だけでなく国民皆年金のような制度でさえも簡単には埋めることができないと考えている。しかも、それらの制度ではインフレーションの危険が内包されているが、彼自身の計画ではしっかりと保護されているというのである。

もし銀行業による信用の独占を打破し、皆に十分な当座貸越を与えられるようになるならば、異常な物価騰貴を伴う生産の熱狂的ブームが生みだされざるをえなくなるということを、私たちはいままで以上に理解するようになるだろう。……しかし、私たちが製造業者と小売業者に対して、「私たちの援助がない場合に販売できる価格よりも安い価格で公衆に販売できるようにあなた方を援助しよう」といいうる立場にあるならば、私たちは、あなた方の経験に一致すると思われるような、一連の驚くべき結果をもたらすことができる。[133]

ダグラスは「文明の遺産の社会的性格」からこの計画を基礎づける。この遺産は共同体に属するので、「あらゆる信用価値は共同体から引き出されるということは確かであるように思われる」[134]。したがって、この信用は個人消費者の間で分配されるべきであるという。この方法を通じて、信用は銀行家の統制を離れ、それがなんと呼ばれようとも、社会化され、または「民主化」されることになるだろう。子どもと成人を含む個人消費者に分配された額は、国民配当、すなわち「賃金がいまだ持ったことがなく、今後も持ちえない特権を有する、賃金に対する論理的継承者」となるだろう[135]。

ダグラスは第一作『経済民主主義』の中で、国民配当の支払いを提案している。それはイギリスの家族間で国債額を分配するというものである。「そうすることで、八〇〇万の家族には、一家族当たり年五〇ポンドの追加的購買力が給付される、といえよう」。『信用力と民主主義』では「信用発行の統制は消費者の手に渡るだろう」とか「公衆の手に渡る信用単位の大きさは、ある時点で、社会の実現可能な総産出を購買するのに必要な大きさとなるだろう」といった一般的原理を述べている[136]。それに続く諸著作では、ダグラスは、ニュージーランドのための計画を通じて、社会信用が完全なかたちで実施されたときに、より包括的な計画に移行できるように、国民配当の端緒的評価に資するような個別の計画を提案したものの、国民配当計画そのものが発展させられることはなかった。

ダグラスは生産的労働への支払いに関する問題を軽視している。彼は、経済体制の主要機能は財とサービスの生産と分配にあると考えている。そして、雇用は目的達成のための手段に過ぎないとして、失業問題にまったく関心を示していない。もしある人が一〇人分の十分な財とサービスを生産できるならば、問題は他の九人のために雇用を見つけることではなく、彼らの間に財の分配を行き渡らせることにある。ダグラスにとって成人の完全雇用はまったく不要であり、むしろ軽蔑すべきは、食べるために働くことを強いる「いわゆる労働党の指導者たち」と禁欲的で道徳的な態度をとるその他の人々である。彼は、労働は遊びよりも本質的に面白いので、そこに誘因問題はないと考える。労働者が最大効率を選択する利点について言及しているにもかかわらず、どのように労働と余暇を区別しているのかはまったく説明されていない。「ひとたび、財の分配が雇用の『報酬』でなくなるならば、産業界にかかわる科学的知識人が全精力を注いで、太陽という地球上の全エネルギーの源から直接に引き出されるエネルギーによって人間労働を代替するという目的を達成する機会に恵まれるだろう。この目的は、生産至上主義者による狂気的な利潤漁りだけでなく、サンディカリストたちの怠業と無規律によっても妨害されているのである[137]」。

公正価格

ダグラスが国民配当の分配についてのより詳細な計画を描くことに失敗したのは、生産と消費を調整するための別の方法、すなわち公正価格を選択したためであるように思われる。初期の著作における彼自身の説明によれば、それは銀行信用によって既に架橋されているはずのものであるが、それにもかかわらず、消費と生産のギャップを架橋するための国民配当と公正価格を主張していた。後期の著作では、両計画を代替的なものとみなし、「購買力が必要とされるまさにそのときに、それが分配されるからだけでなく、現代の心理学にいっそう合致するからである」という理由から、たいていは公正価格を選択している[138]。

公正価格の算定と実施の方法についての最初の説明は、製造業者の仮設的な共同体において、製造業者が原材料を他者から購買し、手形交換所を通じて精算するというものである。ブーツ製造業者は製造工程で二五〇〇ポンドの費用を積み上げたものとして、次のように続けている。

換言すれば、費用とは、手形交換所に送付される一月当たりの送り状の合計額である。これは、このサービスが二五〇〇ポンドの額面価値を不確定な期間で支払いを受け報いられるということ、そして、これらのサービスの生産物の一月分の分配であることを意味する。しかし、額面価値は一般的購買力であり、結局のところ、一般的価値に加えられるべきである。一般的価値は、一般的減価率に一致し、こういってよければ、額面価値が購買できる財の消費の全体に等しい。いま、この率を四〇パーセントと仮定し、要するに、一月当たりの共同体の総労働の六〇パーセントが次期に利用されるために取り置かれると仮定しよう。そのとき、一足のブーツの販売価格は、二五〇〇ポンドを、生産された総足数ではなく、分配されたブーツの総足数で割った値の四〇パーセントに等しく、またそれは商業費用の五分の二に等しいといってもよいだろう。それゆえ、ロビンソン社は、彼ら自身の労働と手数料が含まれている手形交換所に送付した二五〇〇ポンドの送り状について、残りの四〇パーセントを実際にブーツを購買した人々から回収し、ブラウン社への支払いのために送付される小切手の額のうちの六〇パーセントを受信し、手形交換所に払い戻すのである。手形交換所は、ロビンソン社の勘定から差し引いた後に、それを手形交換所の貸方に記入するだろう。こうして、共同体の信用資本、つまり、財に分配される潜在的能力の金融的評価として、二、五〇〇ポンドの六〇パーセントが記入される。これが実際の取引の会計上の反映なのである。[139]

このような公正価格の提案はその後の一〇年間の著作を通じて、いっそう精緻化された形態へと発展させられている。『信用力と民主主義』では次の等式が与えられる。

$$\text{真正価格(ポンド表示)} = \text{費用(ポンド表示)} \times \frac{\text{消費された最終財の費用(ポンド表示)} + \text{実物資本の減価償却(ポンド表示)}}{\text{創造された信用(ポンド表示)} + \text{総生産費(ポンド表示)}}$$

数年後の『社会信用』ではより緻密な微分方程式となっている。

$$\text{価格} = \text{費用}\frac{C}{C\dfrac{dP}{dt} - P\dfrac{dC}{dt}}$$

ここでPは金融的生産単位における直接的費用、Cは金融的生産単位における価格、tは時間であり、この分母は微分されたものから構成されている。平明な言葉で言えば、この式は「消費者が生産の実態と潜在力の両面で力を完全に引き出すための金融的手段を常に持っている」ならば、価格が維持されるだろうということを表している。[140]

一九二九年に東京で開催された国際工業会議で配付された資料の中で、ダグラスは自らの方程式をより複雑な積分方程式として提示した。新たに導入された記号はMのみであり、それは所与の生産計画のために分配される貨幣を示す。

$$M \times \frac{\int_{T_1}^{T_2} \frac{dC}{dt}\,dt}{\int_{T_1}^{T_2} \frac{dP}{dt}\,dt} = M \times \frac{\text{一定期間の平均消費率}}{\text{一定期間の平均生産率}}$$

実際ダグラスによると、この式は、企業家は「個々人によって構成される公衆に対して販売されるすべての財貨の生産費用と、分数の乗数によって規制される不定の価格との間の差異を繕うための手段として公的に管理された銀行信用を短い間隔で求め」ざるを得なくなるだろう、ということを示している。そしてこのことが、「公衆が個々人の利害に従って行動することで、インフレーションだけでなく、生産の発展と調整に関する、有効的、柔軟的、積極的な統制」という利点を提供することになるだろう、というのである(14)。

ダグラスは、これらの価格が国際的価格水準に一致しない場合に備えて次のように提案している。

上述の方法によって固定された価格を適切な国際為替水準に一致させるための規模で、あらゆる生産に単一調整税を適用する。現況では、調整税は、現在の物価に影響を与えることなく、戦時公債の利子の何倍でも支払うことができるだろう。このような目的のために調整税を導入しよう。

そうすれば、既述の方法で分配される戦時公債は、手形交換所からの送金分が追加されることで増加するだろう。国内の効率性の著しい改善が同様の結果をもたらすように、分配の増加によっても対外的な物価上昇が生じるということはいまや明らかであろう。こうして、いわゆるプロレタリアの反乱の基底にあるあらゆる疑問を超えて、純粋に競争的な世界体制から、いままさに提示されている、画一的に管理されることなく協同を実現する一つの具体的形態への移行を確実に促進するものとなるだろう[142]。

ただし、イギリスの物価を「国際的価格水準」に保とうとする限定的な提案は後の著作で放棄される。一九三一年までに、ダグラスはそれが不要であることに気づいたためである。グレートブリテンに公正価格を導入した場合の最初の帰結は、恐らく、世界の為替市場におけるイギリスの通貨単位の人為的な切り下げとなるだろう。これは為替仲買人が容易に手配できることである。しかし、最終的な帰結は次のようになるだろう。

それは第一に、一時的にせよ輸出の大幅な増加をもたらすだろう。それに対して、他国の競争相手は彼らの金融制度に同じ調整を施す以外に有効な対抗手段を持たないだろう。第二に、株式市場の言葉で言えば、貨幣の「売り」がイギリスの通貨不足をもたらし、それを買い戻すには破滅的損失を被るほかなくなるだろう……。たとえば、グレートブリテンで物価を下落させるために信用を利用するならば、その直接的な帰結は、イギリスの為替が平価以上に騰貴することであると私は確信している。[143]

公正価格という方法によって生産者を援助しようとするこの計画の本質的特徴は、生産計画を監督する政府当局の審査を通過した生産者だけが補助金を受け取る資格を得るという点に示されている。換言すれば、現行制度の下では、生産者は銀行から借り入れることができなかった場合でも多くの代替的な信用手段を有しているが、ダグラスの制度下では、政府の監督省庁によって補助金の申請を却下された生産者は事業を遂行する途が完全に閉ざされてしまうのである。ダグラスは、個人を統制する社会主義への反対を表明しているにもかかわらず、彼自身の制度下で大規模な統制を行うことになんの懸念も抱かず、この点にほとんど触れることすらないのである。[144]

ダグラスは、消費者の購買力を生産の水準に引き上げるために、単独または同時に実施される国民配当と公正価格の計画が、インフレーションをもたらすのではなく、むしろ低い物価をもたらすのだということを強調している。

いま、これらの計画の影響を考察してみよう。第一に、累積的に上昇している物価が直ちに下落し、その結果として、貨幣の購買力が上昇する。第二に、金融的分配の広範な基盤によって、あらゆる種類の有効需要が大きくなる。[145]

一九三四年のカナダでの公聴会では、インフレーションの懸念に対して、ダグラスは再び自己弁護を行っている。

銀行制度の正当な提案は、インフレーションの提案である。いま私が提案しているものは、物価下落を促しながら専ら追加的な購買力を給付しようというものであり、それらの提案がインフレーションの提案だということはできない。それらは購買力を増加させるための提案であり、それらが二つの源泉からの支払いを提供するものであるということからしても、まったく分けて考えられるべき問題である。さあ、過去一〇～一一年間の実際の業務の中では、二つの源泉から財に支払われていたということをあなた方はお分かりになるだろう。これこそが一般的な製造と生産のシステムの下では公衆に対して費用以下で販売されていたという事実である。生産費用と公衆が購買するときの価格との間の差額は、一般的にいって、生産者の私的準備金か、銀行の当座貸越の増加によって埋め合わされている。それは物価上昇を引き起こすものではない。もしそうだというのであれば、私たちは費用以下の価格で販売することはなかったであろう。したがって、費用以下での販売と、物価上昇を引き起こすことなく二つの源泉から生産物に支払えるようにすることとが両立可能であるということは既に検証済みなのである(146)。

ダグラスの主張に対する最初の異議は、彼の提案がインフレーションをもたらさないというときに、事実ではないことを「事実」として取り上げていることである。一九三四年までの一〇～一一年間に一般的な製造と生産のシステムが公衆に費用以下で販売し、その差額を私的準備金または銀行の当座貸越の増加によって埋め合わせていたというのは事実に反する。グレートブリテンとカナダの両国における銀行の当座貸越は、一九三四年以前の数年間は減少していたし、同じ期間におけるグレートブリテンの産業利潤も同様に減少していたのである。

消費者の所得が費用に一致しないということもやはり誤っている。ダグラス自身それを証明するような現実的な根拠を提示することができず、彼が頼らざるをえなくなった帰納的な議論は幾度も軌道修正され、所得と費用の比率の変化は景気循環に見られる典型的な現象であるという見解に落ち着くことになった。また、ダグラスは、公正価格を通じた生産者への支払いと国民配当を通じた消費者への直接的な支払いとが、生産者の設備拡大の誘因となり、それによって生産費用を低減させると仮定している。それは、あらゆる製造が、費用が低減する条件下でなされ、生産が、原材料、労働、その他の要素の費用増によって抑制されることなく、無制限に拡大するということをも仮定していることを意味する。しかし、あらゆる種類の生産が同時的に増大するならば、まさしく戦時にそうであったように、生産活動は活性化し、それらの要素価格は騰貴するだろう。ところが、戦時に追加資金は一度も支出されず、むしろ流通から引き上げられ、社会には社会信用を払い戻すほどの余力はなかったのである。

ダグラスは政府組織に自らの計画を提示するだけでなく、それを実施するための特別な提案を行う機会をも何度も持っていた。それらのうちの最初の提案は、イギリスの炭鉱業に関するものであり、一九一九年の炭鉱委員会が提出した計画への対案であった。この対案は、ただ一つの産業で実施されるものであったので、その他の産業は通常通りの活動が続けられるとされていた。そのため、これが計画の完成形とみなされることはなかった。

〔この提案では〕生産者銀行が、個々人が炭鉱で稼いだ賃金と給与のすべてを預金で受け取ることができるように組織され、その支店が炭鉱業のある各地域に設立される。その際、恐らく、この銀行は賃金と給与を個々人に支払うのだが、その具体的な方法は示されていない。この産業に投下される新規の資本設備は、配当の総額と賃金と給与の総額との比率に従って、炭鉱所有者と生産者銀行から支払われる。

国内で販売される石炭価格は「総生産の貨幣価値」と「総消費の費用価値」の比率を乗じて得られるトン当たり費用に一致する額に設定され、そこに生じる実際の費用と設定価格との差額を政府が炭鉱所有者に財務省証券で支払う。輸出される石炭は世界市場価格で販売される。既に炭鉱業に投下されている資本に対しては六パーセントの収益率で支払われる。

労働党の委員たちは、この計画には、賃金または労働条件の改善につながるものが何もないだけでなく、相当の独占またはトラストを生み出してしまうという理由で反対した。この計画は採用の機会をまったく活かせなかったものの、労働党と「新経済学」のサークルの中で多少議論される機会を得たのだった(147)。

一九三四年にニュージーランドに招待されたとき、ダグラスに特別な提案を行う第二の機会が訪れた。彼に求められたのは法制度の改革を待たなくとも直ちに実行できるような提案であった。そこで次の提案が行われた。はじめに、銀行が自らの資産のリストを作成し、市場価値が簿価を上回る場合には、その差額の半分が過去三年間に銀行から借入を行った人々に借入額に応じて支払われる。そして、銀行配当の上限は六パーセントと定められ、それを超える利益の四分の三が超過資産価値と同様の処理方法で借入人に分配されるのである。

下院委員会に対するダグラスの提案を審議する中で、ダグラスは銀行資産の再評価から引き出される資金は「非常に大きい」と発言した。そして、銀行の利益に関する質問に答えて、銀行が実際に六パーセント以下しか稼がないということはありえないと答えたのだった。(148) このように発言された一九三四年とは、多くの銀行資産の市場価値が簿価以下に大幅に下落したために、世界中の銀行が破産しかけている時期であった。

それに加えて、銀行の借入人への分配はただ一度だけなされるに過ぎないものになるであろう。さらに、ダグラスは保険会社によって毎年分配されるという国民配当に類似した制度も提案している。この提案では、保険会社は公開準備金の二分の一を、二一歳以上のニュージーランド生まれの人々に発行される「優先株または債務証書」に対する支払いに充当し、それらはニュージーランド準備銀行によって再割引されなければならない。保険会社の利益のうち六パーセントを超えている部分は、株式配当の支払いに使われる。これらの株式は譲渡できず、借入の担保としても利用することができない。この提案は採用されなかった。

数ヶ月後に、ダグラスは、カナダの農業・植民・移民委員会で証言していた。その顚末については次章で紹介しよう。

どの国もダグラスの計画を採用することはなかったが、次の二カ国の経験は彼の原則に合致するものであると主張した。第一は、一九二一年のオーストリアの経験である。そこではパンへの補助金が給付され、六〇クローネの費用の一斤のパンが九クローネで販売された。この補助金の資金は銀行から国に与えられた帳簿信用によっていた。ダグラスは質疑の中で、この時期のオーストリアの通貨は著しいインフレに見舞われ、すぐ後にオーストリアは事実上の破産に陥ったのだ、ということを認めなければならなかった。それにもかかわらず、ダグラスはこの破産が「外部の政治的な影響」によるものであると主張し「オーストリアが辿っていた進路には、さしあたり国際金融のみをあげておくが、そのような制度に対する最も深刻な脅威が待ち受けていた。オーストリアが対処しなければならなかったその脅威は、国際金融制度にとっても極めて危険なものであった。したがって、オーストリアはいわば排除されたといってもよいのであると述べた」。

第二のケースは一九三四年の日本の経験である。「この経験を私は推奨しないが、明らかに私の思想に基礎づけられたものである。そこでは費用以下で輸出品を販売し、外国市場を獲得するために国民信用が使われている。その結果、日本の輸出は前年比で五〇パーセント増加したのである」。つまり、日本の財の費用が一〇〇ドルであるときに、生産者はそれを五〇ドルで外国に販売し、その差額は「抵当を担保に貸付を実行する際に、カナダの銀行制度が実物的富を貨幣化するのとまったく同じ方法で、日本の実物的富を貨幣化することで」埋め合わされるか、「既存の実物的富が新規の五〇ドルとして貨幣化されて支払われるのである」。このことは不換紙幣の発行を意味するのではないかという質問を受けても、ダグラスはそれを認めなかった。生産者が政府に払い戻すことがないにもかかわらず、ダグラスは次のように返答している。

それは非常に多くの形態で払い戻される。第一に、最も明瞭な方法は、価格の作用を通じたものである。価格の一部は、価格の作用を通じて補償され日本に還流する。つまりそれが創造された出発点に還流する。そして、原理的には、あらゆる貸付の返済が預金を破壊し、貨幣の一部は消失するのである。

ここでもダグラスは「日本」という言葉を弄び、その言葉が、信用を発行した政府と、いま問題になっている財の価格を支払われる日本の中の小さな集合に過ぎない日本の生産者集団とを両義的に指すかのように使用している。[149]

ダグラスと社会信用計画の評価

多くの修正や留保の下で実現される社会信用からは、博愛主義者や真実の熱心な探求者の仕事というよりも、練達の政治家の仕事になるといった方がふさわしいという印象を受ける。ダグラスは現代社会の不公平の是正にほとんど関心がなかった。彼は、その人が働いているか否かにかかわらず、全員に所得を給付することができると述べていたが、そうなるための具体的な提案を行わなかったばかりか、自発性と積極性が皆に報酬を受け取る権利を付与すると繰り返し述べている。国民配当と公正価格に関する現実的な提案は、既に持っている購買力に比例するかたちで、追加的な購買力を全人口に薄くばらまくだけのものであって、異なる所得階級間の相対的地位を是正するものではなかった。

それだけでなく、ダグラスは、自身の仮説と結論を事実に照らして検証するということにあまり関心を持っていなかったという印象も受ける。彼が多用するフレーズに「疑いもなく正しい」「もちろん」「広く一般に認められているように」があり、強い疑問や異論がある場合にはこのようなフレーズを多用して議論を片づけてしまう。また、統計的研究の必要性を何度も主張していたが、そのような統計的研究の成果を公表することがなかったし、しばしば統計的研究をほとんど完全に無視していた。それでも彼は参考人として証言台に立ち質疑を受けるときには、紳士的な態度で慎重に言葉を選びながら巧みに切り抜けることができるのである。彼の著作の論理的な弱点は、無内容であっても力強い言葉を使うことで煙に巻くことができる。大部分のダグラスの追従者は、ダグラスの著作をほとんど読まず、すべての矛盾と難点が一掃されたフィリップ・メレ編の入門書を読んだのである。

社会信用論は、他の考察とは異なり、政党の基礎となっている。グリーンシャツ運動は、数回の大規模な集会を組織し、一九三六年にそのようなユニフォームの着用を禁止したイギリス政府の決定に多大な影響を及ぼしたといわれている。それにもかかわらず、一九三四年にダグラスによって結成された統一民主党は地方選挙に候補者を擁立し、パンフレットを配布するという活動を行ったのである。そして、以前から刊行されていた雑誌である『社会信用』と『新時代』を補完するために季刊誌『イチジクの木』が創刊された。『イチジクの木』は統一民主党の活動的な少数派を形成したダグラス団にとっては特別に有意義なものになった。新党の宣伝計画は大衆が貨幣改革を望むように覚醒させようとするものであった。そこでは社会信用という言葉が使用されることもなければ、Ａ＋Ｂ定理が分析に用いられることもなく、それを基礎にして計画が立案されることもなく、ましてや一般の党員に説明されることもなかった。その分析と定理は団員と一部の党員の秘義としてしまい込まれ、公衆へのアピールは、銀行家、金融的利害、貨幣独占、その他の政治的な癒着への反感に基づいていた。ダグラスの著作には反労働党的、反ユダヤ的な色彩[150]があったために、この政治運動の全体的な傾向がどのようなものであったかは語らずとも明らかであろう。

第5章　実際の経験

本書で取り上げた三人の改革者たちは自分たちの計画の決定的な検証を行うことができなかった。過去一〇年間にわたって、部分的で一時的ないくつかの実験が世界のあちこちで行われたものの、改革貨幣がその地の通貨に取って代わることはなく、現存の支払手段の補完物にしかならなかった。これらの実験結果が限られたものであったとしても、詳細に検証していくことは興味深いことであろう。

自由土地・自由貨幣同盟

改革通貨を流通に投じた最初の試みは南ドイツで行われた。ジェノバに本部を置く自由貨幣同盟が戦後のドイツ語圏全域でのプロパガンダを行い、書籍やパンフレットを発行し、講師を派遣した。そして、わけても小地主の間に賛同者を得ることに成功したのである。小地主たちは自分たちの土地が置かれた状況に強い不満を持ち、社会主義に対する反感をゲゼルと共有していた。戦争によって多くの農業共同体は困窮に陥ったままであったが、一九二九年以降の長期不況は小地主たちをさらに窮地に追い込んだ。彼らが救済を約束してくれる計画に飛びついたのは驚くに当たらない。

しかし、スタンプ貨幣を正規のドイツ鋳貨に取って代わらせることができなかったため、自由貨幣同盟は自主的基盤で流通に組み込むことを決意した。数年後に合衆国の熱心なタウンゼント主義者が自主的基盤で計画を試行したのと同様である。ライヒスマルクで完全に価値が担保された少量の新紙幣が発行され、紙幣の額面価値の一パーセントのスタンプを毎月貼付することが求められた。この紙幣は約六年間にわたってグループのメンバー間で流通した後、ある小さな共同体の中でより大規模に使用する機会が訪れた。

バイエルンのシュヴァーネンキルヒェンは人口五〇〇人ばかりの町であり、一九二九年に閉山されるまでは、住民は主に鉱山で生計を立てていた。一九三一年に鉱山の所有者は操業を再開するための四〇〇〇〇ライヒスマルクを借入れることに成功した。彼は退蔵を防ぎ確実な貨幣流通を維持するために、鉱夫に「ヴェーラ」と呼ばれるスタンプ通貨をライヒスマルクの代わりに使うことを提案した。なぜ彼が二年もの間仕事のなかった鉱夫たちに賃金を支払わなくても彼らが生活できると思ったのかまったく理解できないが、ともかく彼はこの実験について鉱夫たちの合意を得た。四〇〇〇〇ライヒスマルクは、既に僅かに流通していた「ヴェーラ」の同額分の担保に使われ、賃金はその流通手段だけで支払われた。労働者はそれ以外で支払えないため、小売店主は新紙幣を認めるしかなかったが、シュヴァーネンキルヒェンの外の卸売業者や製造業者はいくつかの例外を除いて受け取りを拒否した。これらの紙幣は当初から同盟に協力的であったドイツ中の数千の小売店で受け取られた。

この実験の成功については根強い反論がある。それは政府のデフレ政策に対抗する手段であり、不況と戦う武器として説明されていた。そして、四〇〇〇〇ライヒスマルクの借入から得られた利益はすべて「ヴェーラ」の使用によるものであるとされていたが、通貨を変更しなくても、鉱山の再開によって何かしらの結果は期待できたのではないだろうか。

擁護者にとっても反対者にとっても残念なことに、この実験は長く続けられなかった。政府が裁判を起こして「ヴェーラ」紙幣の禁止を試みて失敗した後、一九三一年一一月にその使用を禁止する緊急法案が通過したのである。(151)

この法律の成立にもかかわらず、ドイツの緊急を要する金融的・貨幣的問題に対するこのような解決策が完全になくなることはなく、複数の急進的な政党によって受け継がれた。当時、フーゲンベルクの国家主義者の団体がそれを真剣に考慮し、それを支持したヒトラーの政党の分子となった。実際、一九三二年四月には、ゲゼルの熱狂的な二人の支持者が、ゲゼルの計画によるインフレーションよりも、デフレーションを志向するライヒスバンクの政策に抗議してルーサー氏を襲い軽傷を負わせた。(152)

ヴェルグルの実験

シュヴァーネンキルヒェンからそれほど遠くないオーストリアでは、一市民よってではなく、村役場によって一九三二年にもう一つの実験が行われた。オーストリアの鉄道労働者であるウンターグッゲンベルガーは長い間ゲゼル理論の信奉者であった。彼はザルツブルクに近いヴェルグルの村長に選出されると、ゲゼル理論を実践するためにこの機会を活かそうと決意した。公共事業の体制が組織され、四三〇〇人の住民のうち一五〇〇人を雇い、彼らの失業手当の支給をやめた。この改革の支払いに、村は一、五、一〇シリングの額面の紙幣を発行した。紙幣は保証基金に担保され、六パーセントの利率で地域の貯蓄銀行に預けられた。この資金は、発行された「ヴェーラ」の額面価値のほんの一部にしか相当しなかったため、兌換準備金という意図はなく、むしろ単に「ヴェーラ」に信認を与えるためのものであった。公共事業ではすべての賃金が新紙幣で支払われ、村長以下すべての被傭者は給料の半分をこの紙幣で受け取った。地域の商人の大部分は事前に受け取りを表明した。その紙幣は、毎月額面価値の一パーセントのスタンプが貼付され、スタンプの売上は福祉事業に使われた。

一九三二年八月一日に始められたこの計画では、当時の為替レートで約四五〇〇ドルに相当する三二〇〇〇シリングの新通貨が発行された。この額は必要以上に大きいということが判明し、村への税金として支払われたときに、そのうちの約三分の一だけが再発行された。はじめは紙幣の発行に反対していた村の商人も結局は受入れ、国営の郵便局と鉄道会社のみが受入れを拒否した。この紙幣は発行されている全期間を通じて額面価値を維持した。

この計画で主張されている利点は、紙幣が流通に投じられた一九三二年八月に、地域の貯蓄銀行の預金が数ヶ月の間ではじめて引き出しを超過したということである。しかし、貯蓄銀行の預金増加は、経済状態の改善の証左というよりも、むしろ「ヴェーラ」からの逃避手段であったように思われる。この村のセメント産業やセルロース産業の状態が良くなったことを示す証拠はない。実験が行われた期間に、公共事業に対して一〇二〇〇〇シリングが支出されたが、そのうちの一二〇〇〇シリングつまり全体の約八分の一の額はチロル州政府から借入によって調達されたものであり、この借入は返済されなかった。また、村はインスブルック銀行からの借入についても返済できなかった。

ここでの利益の大部分は村の歳入となった。村は発行済み紙幣に対して一二パーセントの利子を受け取っただけでなく、保証基金の六パーセントの利子も受け取った。さらに、一九三二年八月には一一八〇〇〇シリングもの額になっていた税の滞納金のうちの九割がスタンプ紙幣で支払われ、翌年の四月までに三九〇〇〇シリングに減少した。もちろん、このことの純粋な効果は自らに貸し付ける基金の財源として現われた。

この実験は貨幣特権に挑戦するものであるとして中央政府からひんしゅくを買い、最終的に中止に追い込まれた。オーストリア国立銀行は、オーストリアにおける紙幣発行の独占を侵害しているとしてヴェルグル村を訴えた。ヴェルグルはこの紙幣は紙幣ではなく、ただの救済証書であると主張した。しかし、政府が勝訴し、開始からようやく一年になる一九三三年八月に、この改革は終わりを迎えることになった。ヴェルグルの実験に触発されて新紙幣の導入の準備をしていた近隣の村々は、裁判所の決定によってその計画の実行を禁止された[153]。

貨幣操作によって不況から脱しようとしたのはドイツ語圏の国ばかりではない。合衆国とカナダでも紙幣を運用するいくつかの実験が行われ、中にはドイツの代用紙幣に類似したものもある。

合衆国の実験

合衆国で発行された代用紙幣は主に三種類に分けられる。第一のタイプは、不況期に、いくつかの町や都市で地方政府の事実上の短期債券が発行されたが、これは利付きで、満期日に償還され、未徴収の税といういくぶん不確かな資金で担保されたものである。それらは合衆国でしばしば実施されていた税の先取り証券の一種であるが、一九三〇～三三年の期間ほど大規模に発行されたことはなかった。シカゴは一九三三年に公立学校の教員の給料の支払いにこのような証券を発行している。アトランタは一九三二年のクリスマス前に被傭者の未払給与の支払いに四〇万ドルの証書を発行している。ノックスヴィルは一九三二年の下半期に一〇〇万ドル以上を発行した。ルイジアナの高速道路委員会は一九三一年の秋に請負会社に七五〇万ドル発行し、ルイジアナ州立大学は穏和なヒューイ・ロングの影響の下で新しい校舎のために一〇〇万ドルを発行した。ニュージャージーの自治体は債務を支払う魅力的な方法を見つけた。アトランティックシティ、オーシャンシティ、ウッドブリッジ、モンマウス郡の自治体は、一九三三年の間は短期証券の発行に頼った。ほとんどの場合で、商人は購買手段として紙幣を受領したが、結局は、紙幣は自治体の財政に戻っていった。このタイプの代用紙幣は、本当の意味での貨幣の革新とはいえなかったし、この経験が貨幣操作の知識に付け加えるものも何もなかったといえる。

第二の代用紙幣のタイプは、一九三三年のバンクホリデーの時期に、手形交換所協会と商工会議所によって発行されたもので、十分な担保に保護されていた。合衆国にはこのタイプの豊富な歴史的先例がある。一八六五年から一九一三年の間のほとんどの恐慌では、ニューヨークその他の都市で、一時的な通貨不足に困った銀行の勘定の帳尻を合わせるために、しばしば手形交換所の貸付証書が発行された。ときには、手形交換所の貸付証書が一般流通向けの手形交換所の小切手によって補われることもあった。

一九三三年のバンクホリデーの間には手形交換所のあるほとんどすべての都市で、給与支払いやその他の通貨の必要に応えるための、銀行に支払われる証書の発行を検討していたようである。連邦銀行当局は、バンクホリデーの最初の数日間に、連邦準備制度加盟銀行に代用紙幣の発行計画を検討させたが、多くの閉鎖銀行が再開したことで実際の発行は不要になった。複数の州が州法銀行の代用紙幣の発行を許可する州法を成立させ、その他の州でも同様の法律が検討されていた。

これらの計画に基づいて実際に代用紙幣が発行されることはほとんどなかった。たとえば、フィラデルフィアの手形交換所では五〇〇〇万ドルの発行が認められたものの、三月一一日に実際に支払われた額は八〇〇万ドルに過ぎず、三月一六日には必要性がなくなり発行の即時中止が発表された。他の都市でも代用紙幣が印刷され発行される準備が整えられたが、銀行の再開時には通貨不足がなくなっていたため、流通に投じられることはなかった。このタイプの代用紙幣に向かうすべての運動は始められてもすぐに潰れてしまった。少数の新聞社やエジソンカンパニーのような個人経営の会社は、通貨が入手できないときに自社の約束手形で給与を支払ったが、これらもまたバンクホリデーの期間に限定された純粋に一時的な手段に留まった。

合衆国で施行された代用紙幣の第三のタイプだけがゲゼルの改革提案に関係している。それはこの国の歴史的前例のないもので、バンクホリデーの一時的な弥縫策ではなく、それ以前から続く長期不況の救済策として試みられた。ロサンゼルスからハーレムまで、リッチモンドからミネアポリスまでの複数のコミュニティに労働交換所が設立され、そこで発行された代用紙幣は構成員の間だけで流通した。これらの代用紙幣にどのようなスタンプが貼付されていたのかについての記録は残っていない。

事業の状態が改善されるにつれてこれらの物々交換所は次第に閉鎖され、それに伴い発行されていた代用紙幣も廃れていった。

はじめ、スタンプ代用紙幣は失業手当の資金調達のために使われていたようだ。一九三二年一〇月、人口三〇〇〇人のアイオワ州ハワーデンで一ドル額面の代用紙幣が三〇〇ドル発行された。それぞれの紙幣には使われるたびに三セントのスタンプが貼付される。合計三六枚のスタンプ、つまり一・〇八ドルの価値が紙幣に貼られると一ドルで償還された。失業手当プロジェクトの一ドル額面の代用紙幣は六〇セントで換金することができた。この代用紙幣はほとんどの商人に受け取られたため、労働者は代用紙幣での受け取りを厭わなかった。

失業手当の資金調達の観点から見たこの計画の致命的な欠点は、ゲゼルが主張していたように一定の期日にではなく、紙幣が使われたときにだけスタンプが貼付されたことにある。このことは所有者が、現金とは異なる形態で資金を所有している場合、代用紙幣を使用する動機がまったくないということを意味し、そのため、スタンプの売上は期待していたものよりもずっと少なかったのである。

合衆国で発行されたほとんどすべての代用紙幣は、ハワーデンの方式に倣い、それが使用されたときしかスタンプを貼り付ける必要がなかった。このような貼付の方式は、ゲゼルのスタンプ貨幣の実践というよりも、別の形を取った売上税のようなものであった。アラバマ州ドーサン、ジョージア州スパルタ、アイオワ州の他の五つの都市、カンザス州の一つの都市、そして、ネブラスカ州、ミネソタ州、オクラホマ州、カリフォルニア州のそれぞれ二つの都市がこのタイプの代用紙幣を使用し、様々な結果をもたらしたと報告されているが、どの場合も決定的な評価が得られるほどに十分な期間は続かなかった。商人組合が代用紙幣を導入したイリノイ州エヴァンストンでは、スタンプ貨幣の特徴は完全になくなっていた。商人は財の支払いに代用紙幣を喜んで受領し、顧客も紙幣を受け取ったが、皆がスタンプを貼付するという要件を無視することに同意したため、この紙幣の目的は完全に打ち砕かれた。

購買のためであろうとなかろうと、定期的なスタンプ貼付を必要とする代用紙幣はいくつかの都市で発行された。その一つがロングアイランドのフリーポートであり、そこでは地域の失業対策委員会が〇・二五、〇・五、一ドルの額面の代用紙幣を五〇〇〇〇ドル発行し、それぞれの紙幣には二分の一セント、一セント、二セントのスタンプの毎週の貼付が必要とされた。地域の商人はこの紙幣の受領に同意し、委員会は代用紙幣の償還の義務を負った(154)。

代用紙幣が実際に使用されたのは小規模な共同体に限られていたが、もしバンクホリデーが長期化していたならば、他の多くの地域でも間違いなく試みられていたことだろう。カンザスやアイオワの議会では州が無期限タイプの代用紙幣を発行するための法律が成立し、ミネソタでは有期タイプの法律が成立した。七つの他の州政府が類似のプロジェクトを検討していると発表した。アラバマ州の上院議員ジョン・H・バンクヘッドは、一九三三年二月一七日の議会で、連邦政府に対し、緊急時には法貨の効力を持つ有期の代用紙幣の発行を認める法律を提出した。これらの計画は銀行の再開に連れてなくなっていった。

元々のタウンゼント計画にはスタンプ貨幣は含まれていなかったが、老齢年金のためのタウンゼント計画の支持者の中には「貨幣速度」の考え方を取り上げる者もいた。それはスタンプを貼付するのではなく、購買の度に二パーセントの税が課されるというものである。この計画は、一九三八年に、ニュージャージー州バーゲンフィールドのタウンゼント・クラブで考案され、二五セントの宝くじの販売で二〇〇ドルを集め、ラッキーナンバーの当選者には、すぐに使うという条件付きで、当選金を代用紙幣で一括で支払った。代用紙幣が使われるすべての取引に二パーセントの税を課すだけで、より多くの「年金」を直ちに支給するのに十分な額が集まるだろうと期待されていた。しかし実際のところ、税は、最初の月末までに二一・四〇ドルしか集まらなかった。ある大手のニューヨークの銀行は貨幣蒐集のためにその代用紙幣を五枚購入し、五ドルの収入を加えたものの、貨幣の印刷費、宝くじの費用の支払い、この仕組みの維持に係る諸々の勘定が発生し、税と銀行からの収入を相殺しても不足していた。結局、儲かったのは宝くじの当選者だけであった[155]。

タウンゼント老齢年金計画のカリフォルニア版の一つが、売上税の代わりに、毎週二セントのペースでスタンプを貼る代用紙幣の提案である。これが「毎週木曜日に三〇ドルを」計画として知られる「ハムエッグ」計画であり、公的には退職者生活年金計画として立案され、カリフォルニアの一九三八年と一九三九年の選挙で争点となった。この運動は経験のあるプロモーターによって推進された。メンバーは会費として毎日一ペニーを寄付した。請願書にはほぼ一〇〇万筆の署名が集まり、その結果、この計画は憲法改正案として有権者に提示された。

改正案では、知事が管理者にプロモーターの一人を任命することが提案された。この管理者には、年金受給者のために週一〇セントと二パーセントのスタンプ販売手数料を徴収する年金運用者を任命する権限が与えられた。管理者の収入は、代用紙幣で週に三〇ドルを受け取る一〇〇万人の年金受給

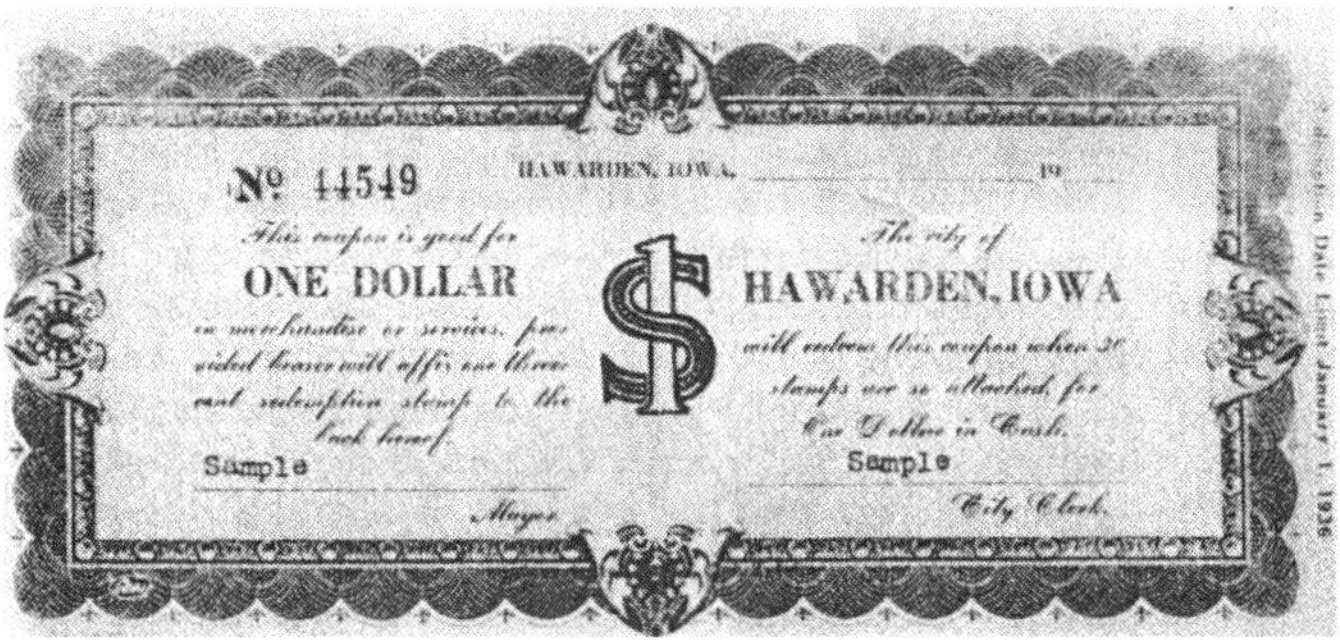

紙幣の表面

紙幣の裏面

アイオワ州ハワーデンで使用されたスタンプ貨幣
ゲゼルの主張したものとは異なり、この貨幣は使用時にスタンプが貼付された。

者を基に推計すると、年間で四〇〇〇万ドルに近い額であった。年金受給者への三〇ドルの支払いは売買できる証券のかたちで給付され、連邦税からは除外された。毎週二セントのスタンプがその証券に貼られたので、年間では一・〇四ドルが政府にもたらされ、証券のための退職基金を形成した。この計画は共同体の高齢者の購買力をなんの負担も伴わずに増加させ、不況を克服するとてもよい方法のように思われた。しかし、カリフォルニア納税者協会は、かりに一三四万人の高齢者のうちの四分の三がこの計画を利用したとしても、一六億二二〇〇万ドルのスタンプを売上げなければならないことを指摘した。この金額は一九三七年のカリフォルニアの全市民の純所得と稼得の三分の一に相当する。これはカリフォルニアの地方政府と州政府の総経費の三倍に匹敵する額でもある。したがって、必要な額を調達するためには八〇〇億ドルの取引がなければならないことになるが、一九三七年の総取引額は一六〇億に過ぎなかった。基金に会費を支払った大部分の会員は正直で誠実であったが、この計画自身が多くの点でいい加減なものであったので、一九三八年に否決された[156]。

この計画の推進者は、この失敗でもまったく狼狽えることなく、一年後の特別選挙で再び有権者にそれを提示した。計画に多少の変更が加えられたが、本質的な特徴は以前のままであった。小売業者と卸売業者は、この計画が売上に貢献するものとして歓迎する代わりに、一致して反対し証券を受領しないと発表した。計画は二度目の失敗であった。類似の計画がオハイオ州の同じ選挙でも争われたが、やはり受け入れられなかった。

カナダの実験

合衆国での実験以上に費用がかかったのは、カナダのアルバータ州でエイバーハート政府によって行なわれたものだった。アルバータはカナダ西部のプレーリー諸州の一つで、農業、とくに小麦の生産に依存していた。多くの点で、そこは合衆国のプレーリー諸州と類似している。一九三〇年の人口がおおよそ七五万人で、そのうちの三分の一が非英語圏出身の両親を持ち、ほとんどがドイツ人とウクライナ人であった。

一九二一年以来、アルバータでは統一農民党が権力を握っており、党内では社会信用を推進する力強い運動があった。リード州知事はその運動に関心を示し、州への社会信用の導入可能性について助言を受けるため、一九三五年五月にダグラス少佐を招へいした[157]。ダグラスはそれを受諾し、報告書を作成した。彼は計画の好ましい面を公衆に示すために、政府がラジオ放送の独占を確保することを提案した。その内容は、社会信用の発行に対応するようななんらかの信用機関を組織し、それによって変革に備えるための軍資金を集めることができるというものであった。

ダグラスはリード州知事とつながりを持つことで、一九三五年八月に社会信用を公約に掲げて知事に選出されたエイバーハートと対立するという間違いを犯した。エイバーハート州知事はカルガリーの高校の校長であり、プロフェティック・バイブル研究所の所長としてもよく知られていた。彼の政党は、彼を含めて六三議席の州議会のうち五六議席で当選しており、多数派の彼らが望むどのような改革法案でも実現できそうにみえた。選挙公約には、成人には毎月二五ドルの「国民配当」が支払われ、子どもには「社会信用」から少額の支払いがなされるとあった。選挙キャンペーンのスローガンは「お金が有り余っていて人が足りないくらいだ」だった。

八月二四日、エイバーハートはダグラスに選挙ニュースの電報を打ち、いつカナダを訪問できるのかを尋ね、ダグラスは九月一四日に出航できるだろうと返信した。しかし九月四日に、エイバーハートは再びダグラスに電報を打ち、予算がなく一〇月一五日の給与が支払えないため、訪問は取りやめるようにと要請した。確かに、ダグラスと彼の側近の報酬と経費を支払う資金はなかったのである。それにもかかわらず、ダグラスは、六ヶ月間の「政府の主任再建顧問」としてのサービスの費用の見積りの提出を求められていた。

その間に、エイバーハート州知事は委員会を統合し重複した業務を見直すことで、過大で無駄な支出の削減に取りかかった。また、彼は中央政府に借入を申請しようとしたものの、連邦融資審議会によって資金の用途を監督されることを拒んだため実現しなかった。ダグラスは電報と郵便を使って助言を続けたが、エイバーハートの取った行動を遠慮なく批判していた。エイバーハートが実施可能な社会信用の具体的計画を尋ねたとき、ダグラスは、銀行の一つが州に対して、無利子で任意償還権のない五〇〇万ドルの融資を要求すべきであると提案した。この額を利用する際に、州は一・五パーセントの手数料のみを支払う。銀行は口座から引き出されるすべての小切手に「〇〇銀行の預金に限る」と記すことを州に求め、現金の流出を防ぐのである。しかし、小切手の受取人が預金をした後に、再び現金か小切手のかたちで引き出すならば、銀行の準備金が流出してしまう。このことにダグラスは思い至らなかったようである。

もしこの方法に喜んで「協力する」銀行が見つからなかったら、州は株や債権の全所有者とアルバータの一パーセントの利付きの短期証券とを交換することになる。株や債権の元の所有者は短期証券に支払われる配当金を受け取り続けるが、有価証券自体は社会信用制度の立ち上げに必要な五〇〇万ドルの借入のための抵当として州が使用する。エイバーハートは「これは市民を非常に驚かせることは確かだが、手続きの全過程について厳しく非難する絶好の機会を反対者に与えるだろう」と返答した。

ダグラスはそれ以上有効な方策を提案できず、非難することでごまかすほかなかった。一九三五年の報告書では、州外で資金が提供されそうなので、社会信用を実施するのに十分な資金があるとダグラス自身が述べていたにもかかわらず、エイバーハートが知事としての最初の数ヶ月をこの目的に傾注したときには、ダグラスはそこで取られた方法のほとんどを認めなかった。ダグラスは、予算編成が社会信用にまったく整合的でないと指摘し、エイバーハートが「ニューディール」とゲゼルのスタンプ貨幣を組み合わせたことで社会信用の原理を放棄したと非難した。さらに、ダグラスは「銀行当局」が社会信用計画を掘り崩すために、ゲゼルの計画を採用するようにエイバーハートを焚きつけたと非難しさえもした。

毎月の国民配当の支払いは選挙前に想定されていたほど簡単ではなかったため、エイバーハート政府は、金融改革の第一段階としてゲゼルのスタンプ貨幣計画を採用した。一九三六年八月七日に、公共事業で雇用される失業者への支払いと一部の政府部門で働く職員への給与の支払いのために、いわゆる繁栄証券がはじめて発行された。その紙幣は小規模小売店では受領されたものの、銀行、卸売業者、公営酒店では受け取りを拒否された。

公式の総発行額は二〇億ドルとされている。一ドル紙幣での発行額は二六二〇〇〇ドルである。それぞれの紙幣の裏面に一〇四セント分のスタンプの枡目が作られていて、そこに毎週一枚が貼付された。二年経過するとすべての枡目が埋まるので、州の財政局がそれを償還した。紙幣を平価で流通させるためには、財政局は、二年を経過していようといまいと、請求があれば償還せざるをえないと感じた。その結果、紙幣は、毎週のスタンプの貼付によって流通を速めるどころか、単に償還のために送り返されることになった。最初の発行から約七週間後の九月三〇日までに、発行総額の約半分が償還されていた。一一月四日までには当初発行された二六二〇〇〇ドルのうち三六〇〇〇ドルだけが流通していた。翌年四月には一二〇〇〇ドルが償還され、計画は公式に中止された。

ところで、政府はなおも社会信用計画を実行に移すための方策を探っていた。ぐずぐずと答えを先延ばしした後に、とうとうダグラス少佐はエイバーハート政府との契約を解消した。未経験の状態で取り残された政府は一九三六年八月に特別議会を召集した。最初に登記法が成立し、社会信用の受給資格を希望する個人はこの計画の支持を表明する数ページにわたる誓約書に署名して申請し、新貨幣が発行された際にはこれを用い、この計画に従って農業生産を管理し、必要な場合は個人の売買を中止することが求められた。

この法律は新しい社会信用法の成立によってすぐに廃止され、「アルバータの人民に追加的信用を供与するために」州副知事によって任命された委員会の下で州の信用庁が設立されることになった。

証券の表面

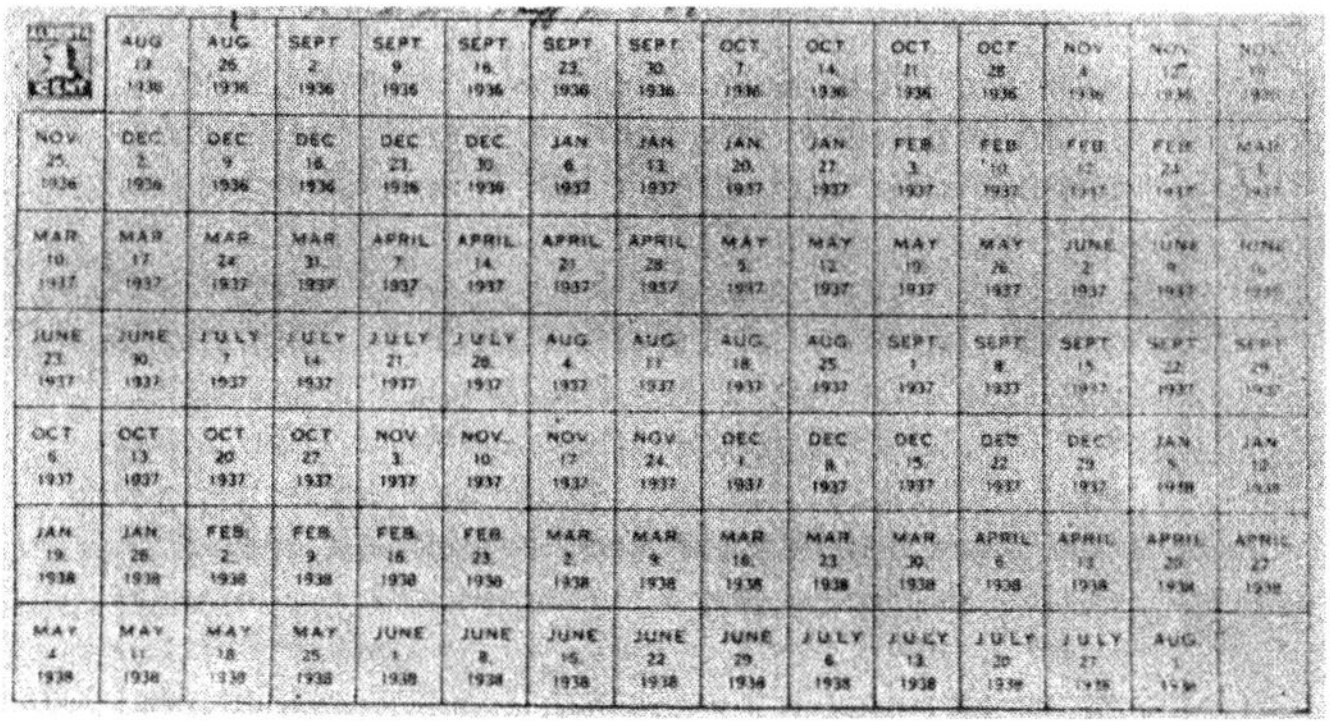

証券の裏面

繁栄証券

この証券は、エイバーハート政府の下、カナダのアルバータ州で発行された。

信用庁には通貨とあらゆる種類の譲渡性の信用手段を取り扱う権限が与えられた。このような担保を受け入れて、「アルバータ信用」の貸付は、農業、手工業、製造業の従事者、住宅の建設、その他の様々な事業の開業に対して実行された。この貸付に利子は請求されなかったが、年二パーセントの手数料が事務費用に充てられた。

債務者の地位を改善するために債権者に負担させる別の方法として、アルバータ州債の利子率が五パーセントから二・五パーセントに引き下げられ、自治体には発行済み公債の利子率を三パーセントに引き下げる権利が与えられた。さらに、個人負債の法定利子率も三パーセントに引き下げられ、一九三二年から一九三六年の新法成立までに支払われたすべての利子は債務の元金から控除されることとなった。アルバータの多くの住民が社会信用法に強く反対した。実業家、州債の所有者、利子率の引き下げによって収入が脅かされるほとんどの債権者が公然とエイバーハートに反対したのである。

エイバーハートと彼の計画にとって不幸なことに、カナダ連邦政府も同情せず、そのような同情心の欠如から裁判所に訴えることを支持した。一九三七年二月一三日、アルバータ最高裁判所は利子削減法に違憲判決を出し、連邦裁判所もその判決を支持した。この判決を受けて、エイバーハートは州の社会信用協会の要求があれば辞職すると申し出た。しかし、その申し出は認められなかったため、エイバーハートは別の角度から貨幣改革の問題点を槍玉に挙げて、それで裁判所の調査を逃れることを期待した。

新しい計画でも社会信用委員会が維持され、すべての銀行に社会信用委員会の許可の下で操業する権限を与えた。この方法はダグラス少佐が提案していたものである。アルバータの銀行の納税額が年間にして約二〇〇万ドル増加した。そして州の裁判所でアルバータの法令の合憲性について審査することを禁じた。さらにアルバータ政府はノンバンク組織に資金を預金する特別な権限を与えられ、それによって州の信用庁の設立が可能になった。

再び連邦裁判所がその計画の実施を妨げた。自治領政府によって起こされた裁判で、裁判所は、通貨、銀行業務、貿易、商業に関する項目のすべてが自治領政府の権限下にあり、自治領政府にはいかなる制約も課されずに州の法律を不許可とする権限を有することから、一連のすべての法律が違憲であるという判決を満場一致で下した。これらの項目についての規定を避けるような社会信用法案を書き上げることができず、この判決によってカナダの社会信用運動は終止符を打たれたのである。

アルバータはこの期間に発行された別の公債が満期になったときに債務不履行に陥った。一九三六年四月から一九三八年末までに、五種類の公債が発行され、総額で九〇〇万ドル以上が償還されなかった。発行済み公債の利子率削減を行ったために、州はカナダ銀行からの融資を受けることができなかった。また、資金の支出について、中央政府が設立した融資審議会の監督を受けることに同意しなかったため、中央政府からの融資も受けることができなかった。[158] 社会信用の提案は、採用されなかったとはいえ、アルバータにとって不幸だったといえよう。

失敗に終わった実験

これらの実験のいずれもが、提唱者が想定していたような理想的な条件下では実行されなかった。

新しい通貨が古いものに取って代わることもなかった。それは単に古いものに追加されるかたちで使われ、既に確立している〔貨幣の〕諸形態と競合しながら道を切り開かなければならなかった。さらに、どの実験もその真価について、決定的な評価を下すための十分な期間が存続することはなかった。もっとも、よりよい条件の下、あるいはより長い期間であったとしても、実験の結果が好ましいものになっていたと考えることはできそうにない。好ましい結果を生み出すことに失敗したということそのものが、提案された改革に対する証言である。

第6章　貨幣管理の限界

本書では、三人の著者による特有の万能薬について分析してきたが、どの論者も経済過程を統制する際の貨幣管理が果たす役割についてなんの疑念も抱くことがなかった。貨幣を通貨という最も単純な形態で把握するゲゼルから、銀行信用という最も現代的な形態を含めるダグラスに至るまで、皆が貨幣の力に絶大な信頼を寄せていた。この信念の大部分が誤りであったことはこれまでの理論分析を通じて指摘されたが、彼らの計画で暗示されていた根本的な疑問にはまだ答えられていない。それは経済生活における貨幣の役割はなんなのか、という問いである。それは経済過程における活動的で指導的な強制力なのか、それとも単にサービスが必要とされるときに使われるのを待っているだけの受動的な道具なのだろうか。

ゲゼルは、貨幣の流通速度を人為的に速めることで共同体の購買力を増やし、永続的な好況を作り出すことができると信じていた。ソディは、銀行信用の量を安定させることで購買力の大きさを一定に維持し、経済活動を安定させることができると考えた。ダグラスは、貨幣量と銀行信用の量の増加が購買力を増大させ、それによって消費者が生産されたすべての財を購買できるようになると信じた。これらの計画は購買力の統制を主要な手段としている点で致命的な欠陥を内包している。実際、購買力の形態は実に多様であり、その動向は非常に多くの予測不可能な要因に左右されているため、購買力の大きさを統制することはほとんど不可能である。

物々交換経済では所有された物的対象はどんなものでも交換に使うことができるように、すべての富は潜在的な購買力である。耐久性のある商品は何年もの間独りの所有者の手元にあるかもしれないが、突如として別の所有者の手に渡って交換の連鎖の中に入り、最終的にはそれを保有し続けたいと望む所有者の手中に落ち着くだろう。そのような経済では、購買力と富、富の所有と購買力の退蔵との間に明確な線を引くことはできない。そのような経済で購買力の大きさを統制するのは無理である。

ある特定の商品が通常の交換手段になると、共同体は貨幣経済になったといわれ、そこでの最大の購買力は通貨の形態をとるようになるということは本当である。しかしこのような条件下にあっても、共同体の総貨幣量を基に、共同体の購買力の総合的な大きさを算定することはできない。第一に、流通速度が考慮されなければならない。週末までに、賃金を受け取り、地代を支払い、日用品を購買するような共同体では、月払いを基本にしてあらゆる所得の受け取りと支払いがなされる類似の共同体の四分の一の通貨しか必要がないだろう。なぜなら、前者の貨幣の流通速度は後者のそれの約四倍だからである。しかし両者の購買力は等しいだろう。第二に、共同体が物々交換から貨幣経済の段階に到達したときであっても、物々交換が残存しうる。換言すれば、共同体の富は潜在的な購買力の形態のままであり、それが要求されたときにいつでも引き出せるのである。それゆえ、貨幣経済下にあっても、物々交換経済下と同様に、購買力の総合的な大きさを統制することはできない。

金融的発展の第三段階は信用経済であり、そこでのほとんどの支払いは銀行帳簿項目の消去によってなされる。交換のうちの僅かな部分だけが通貨で支払われ、たいていの場合、非常に小さな割合であるが物々交換も使われる。そのような共同体の購買力の総合的な大きさはこれらの異なる形態が使われる程度によって決定される。この総合的な大きさには、通貨量と流通速度、銀行信用の大きさとその流通速度が算入され、それに加えて、財の所有権、または流動資金に換えられる株や債券のような無形物の所有権によって表される潜在的な購買力が含まれる。信用経済という複雑な状況下で購買力を測るということはほとんど不可能な仕事であり、購買力の統制はなおさら不可能であることは明らかである。流通通貨量を望ましい水準に設定することはできるが、ゲゼルの洗練された課税計画をもってしても、予め決められた速度を流通の中で維持することはできないだろう。もちろん、銀行信用の大きさは、超えてはならない最大量というかたちで上限を設定することができるが、借り手が信用を利用しないときに特定の量の利用を強制する方法はない。銀行信用の流通速度を特定の速さに留めておく方法もない。さらに、通貨と信用を統制する方法の難しさとは別に、富または所有権が購買力に換えられて支出される速度を統制することもまた困難であろう。

生産に基づく購買力

購買力を大きくする唯一の確かな方法は、公衆に消費される財とサービスの量を増やすことである。既存の購買力の名目価値が変化するだけあれば、消費者が獲得可能な財とサービスの観点から実質的な購買力に影響を与えることはないだろう。ドルの支出量の増加、または同量のドルの支出速度の上昇は、共同体の名目的購買力を増加させ価格水準を上昇させるかもしれないが、共同体の暮らしがそれ以前よりもよくなるということはないだろう。それに対して、ドルの量、またはその支出速度に変化がなくても、共同体で使われる財とサービスの増加は実質的購買力を増加させるだろう。

もっとも、信用経済において購買力の総合的な大きさを統制しようとする試みが無益だとしても、購買力の追加的一単位を生産と貿易の純増分に一致させるという目的のために、購買力の利用過程を統制する可能性が排除されるわけではない。このことは、個々の金融制度が正しく機能することを保障することによってのみ達成される。

信用経済における金融機構の主要な部分は、流動性の低い資産と流動性の高い資産との交換、またはその逆の交換のために存在しなければならない。資産家の選好は、事業の信用状態、各事業系列の利潤予想、海外情勢等々の多様な要素の影響を受けて行われる。証券取引所、投資銀行、貯蓄銀行、商業銀行は流動性の異なるものを交換する機能を提供する点で同じものである。

銀行信用の機能

この階層組織の中でも、商業銀行は購買力の即時的形態という最良の流動性を提供する点で最も際立っている。しかし、商業銀行は流動性の交換に従事する機関ではあるが、共同体の購買力に対するすべての責任を押しつけることはできないということは忘れてはならない。商業銀行は、分業の発展を十分担保するような多様な事業が存在するために、特定領域の活動に特化しなければならなかったのである。もし商業銀行が倒産したり、その機能の履行が妨げられたりすることになったら、将来の購買力と現在の購買力を交換するという機能を事業家に提供するために別の機関を創設するか、個人の貸出能力を活用する方法が見つけられるだろう。

商業銀行制度を、将来または潜在的な購買力と現在の購買力との交換を促進する機構であると見たとき、その有効性を判定する評価基準は直ちに与えられる。将来の購買力を返済する能力の評価は正確でなければならない。確実に返済させるために、銀行は調査と監督のための工夫を凝らしている。商業銀行の貸付にその工夫が適用されると、当該の産業の一般的な状態、当該企業の状態と収益、その企業の経営者の人間的な信頼度を幅広く調査した後に融資が実行される。この調査は書類審査だけでなく、借り手の知人や競争相手との面談をも通じて進められる。銀行は、その産業の見通しの有望さ、その企業がその産業の水準に達していること、その企業の経営者が有能かつ誠実であることを確かめる必要がある。

この信用調査に加えて、貸出銀行は借入金の使用について十分な情報を持たなければならない。なぜならその情報が、借入金が満期に返済されるかどうかを左右する重要な要素になりうるためである。もし借入金が原材料の購買に使われ生産と販売が行われるならば、財の販売によって貸付金の返済資金がもたらされることになり、この貸付金は自己回収的になるだろう。この場合、共同体における購買力が永続的に純増していくということはない。貸付によって創造された追加的資金は財が消費者の手に届くまで存在するが、その後に消失するため、物価水準に影響を与えるようなインフレーションは生じないのである。

銀行信用がこのような有意義な方法で機能することができるのは、貸付が適切な条件下で実行されたときだけである。この点はとくに重要である。貸付銀行家が適切な調査を怠ってしまうと、貸付金は何かしらの理由で満期までに返済されないことになり、返済期間を延長しなければならない。あるいはまた、銀行家が調査をしていたとしても、生産期間よりも長期の貸付を行うと、財とサービスの増加によって相殺されない購買力の純増が起こりうる。いいかえれば、程度の差はあれインフレーションになるのである。このタイプの銀行信用が危険であるということは何度も証明されている。資産の大部分を長期貸付に関連させている銀行は市況の変化に対して極めて脆弱であり、たとえばフロリダの不動産のように、価値の下落によって銀行資本が棄損してしまう。銀行貸付の、短期的かつ自己回収的な状態は、市況の変化に合わせて投資対象を切り替えることで守られているのである。

銀行がどれだけ貸しうるかは内部要因だけでなく外部要因にも依存している。まず、銀行は、預金を引き出そうとしている顧客の需要に応えるために十分な現金準備を維持しなければならない。顧客が資金を銀行に持ち込んだとき、また銀行が顧客に貸付け、預金口座に残高を書き入れるときに銀行預金は増加するが、顧客には資金を引き出す権利がある。銀行家は経験的に債務の設定に必要な額を決定することができるだろうし、準備金の不足に気づいたら、準備金が必要額に回復するまで新規貸付額に上限が設けられるだろう。それゆえ、準備金の量は非常に重要な内部要因なのである。

外部要因もまた銀行の準備金に影響を与える。事業が拡張的なときは、貸付に対する需要は活発になるため、すべての銀行は返済されている額よりも多い貸付を行う。その際、一行が貸出を増やす中で、他行の貸付金に対する未返済額が一定である場合には、各銀行は準備金の何倍もの貸付を行うことができるだろう。これは通常の拡張期間中の債権債務の両勘定が、手形交換所で日々相殺される傾向があるという事実による。一行だけが貸出を増やしその顧客が預金を引き出し、他の顧客が預金を増やさないならば、銀行の準備金は次第に減少していくことになるだろう。

このことは、準備率が銀行家の判断か不動産関連法によって決定されるか否かにかかわらず、また準備金が銀行家の金庫の中にある通貨や中央銀行預け金の通貨によって構成されているか否かにかかわらず、妥当する。合衆国やその他の国々におけるような、法定準備金の要件は拡張の総量に上限を画すかもしれないが、この事実を変えるものではない。

中央銀行の設立は、銀行が準備金の減少に直面したときに、再割引か抵当借入によって準備を回復させることができるようになるので、このような状況に影響を及ぼすことになるかもしれない。中央銀行は準備金を供給する際の利子率を変化させることで、商業銀行の貸付を増大させる速度を左右する力を持っている。銀行が既存の準備金を基礎にした貸付を行っている場合、中央銀行の貸出利子率は、より多くの準備金を借入れるか否かの決定に影響を与える。

中央銀行のこの否定しがたい力は、事業が拡大し信用需要が増え、銀行が準備金に制限されるようになったときに行使される。その背景には中央銀行が、物価の安定を維持し、不況を阻止するために、貨幣市場を常に「統制」する責任を受け入れるようにとの要求がある。中央銀行当局が借入を促すのと同じ力が過剰な拡張を抑制するために使われる。残念ながら、割引率の機構が反対に作用することを当てにすることはできない。事業家は利潤機会がほとんど見いだされないときには、取るに足りないほどに低い利子率でも借りないだろうからである。機能資本の利子は、ほとんどの場合、企業の総費用の僅かな部分しか占めないので、利子率の引き下げは生産の拡大を引き起こすための十分な誘因とならない。

中央銀行の技術の大部分は、一九世紀のイングランドで国内の中央銀行準備金を保護する手段として考案された。金流出が明らかになると、イングランド銀行は割引率を引き上げた。その結果、商業銀行の貸出利率が引き上げられ、利子率の一般的な上昇が金流通に二重の効果をもたらした。高い利子率が外国の短期投資資金を引きつけ、国内の高い利子率は信用契約を増やし、物価を下げ、それによって輸出を促進し、輸入を抑制し、金の送金先を反転させた。割引率の引き上げだけでは他の利子率の引き上げに有効に作用しないときには、銀行に準備金を使わせ利子率を上げさせるために、中央銀行が市場に介入して政府証券を売却した。ロンドンの貨幣市場は、たいていは非常に敏感であるが、それにもかかわらず、この技術がいつも作用するわけではなかった。そのため、中央銀行の金が大量に失われ、紙幣を兌換するための銀行法の要件を停止しなければならないことが幾度か発生した。もし貨幣市場を統制するこの技術が最適な条件の下にあるイングランドで作用しなかったのであれば、一九一四年以降に普及した貿易の不自然な状態の下にあった世界のどこかの国の余り反応の良くない貨幣市場に作用するということはなおさら期待できない。しかも、金の供給を管理するという中央銀行の仕事は、物価と景気循環を安定させるという仕事と比べると容易なものである。

銀行信用が財とサービスの生産のための現代的機構の本質的な部分であると見るときには、既存の銀行信用の量と併せて、銀行信用と生産の関連性をも見ることが重要である。銀行信用の増加が、借入をしている産業の生産期間との関連性を考慮することなく行われている場合は非常に有害である。

信用の総量に対して、貸付の満期が短期から長期に徐々に移行し、貸付の対象が産業から不動産へと移行していったなら、一般的な信用構造は、銀行信用の総量にまったくといっていいほど変化が見られないとしても、崩壊が避けられないところまで悪化しているといえよう。

これはソディの一〇〇パーセント準備計画や銀行信用の機械的数量論を信奉するすべての論者によって無視されていた状況である。ソディや機械的数量論者は、失業者が存在し投資機会を窺う資金がある限り、インフレーションが生じることはないと主張した。彼らは労働移動と資本移動の完全性を仮定し、経済構造の一部における銀行信用の超過は他の不足している部分へと自動的に流出すると仮定した。そして、労働と資本が生産活動に吸収された後は、一般的なインフレーションだけでなく、局地的なインフレーションでさえも起こりようがないと仮定した。したがって、銀行信用の量や生産期間との関連を考慮する必要はまったくなく、総量のみが考慮されればよく、もしそれが安定的であるならば、そのシステムの不均衡は起こりえないと考えている。

上述の議論は一九二九年の不況以降人気を呼び、実業家が銀行信用の拡大を望めないなら、政府は未返済の信用量を維持するために借入を行わなければならないという政府支出擁護の論拠に使われた。この理論は、最終的に、政府は借入を継続しなければならないという主張を支持するために拡張された。なぜなら、もし借入が中止されたなら、確実に不況が到来するだろうからである。このグループは、一九三七~三八年の不況は、政府債務の総額が減少していなかったにもかかわらず、この時期の政府借入の増加率が停滞していたことによって生じたのだと非難した。もしこの議論が正しければ、その論理的帰結は、どの国でもただ政府債務を増やし借入速度を速め続けるだけで好況が達成されるということになるだろう。長期的な経験が示唆するように、無制限の政府借入はちょうど反対の結果をもたらす。その帰結は好況ではなく破綻である。政府が、歳入を超えて支出する政策によって完全な破綻に陥らない場合でも、長期にわたって過大な政府借入を続けるならば、不都合な事態に陥るだろう。商業銀行による政府債権の購買には、貸付金の収益の使い途を制限したり、満期日を設定したりするような統制力はない。そのような状況の下では、利子率は貸付資金の需要と供給を規制する機能を果たさなくなる。

利子というテーマ

利子というテーマはいつも議論を呼ぶ。アリストテレスはそれを是正しなければならないと感じた。トマス・アキナスが利子を攻撃して教会に議論を持ち込んで以来ずっと、経済学者はそれを説明しなければならないと感じてきた。利子の問題は二つに分けられる。第一は、ゲゼルによって提起された、利子から生じる所得の社会的正義の問題であるが、これは経済学者の領分には含まれない。やはりゲゼルによって取り上げられた、地代から生じる所得の問題と同じように、社会的不正義の問題は経済的観点からではなく、社会福祉の観点から判断されなければならない。

しかし、利子の第二の問題は、完全に経済学者の領分である。そこでは、経済生活の別の観点から、利子率を決定する要因、利子率の影響、利子率の変化の要因を扱わなければならない。この問題の見方は、利子の存在理由について、ゲゼルが貨幣の使用に帰着させ、ソディが商業銀行による貨幣独占に帰着させた際に強調されたものである。

貨幣制度と銀行制度の変革によって利子が廃止され、政府が借入や債務への利払いをする代わりに、政府所有の銀行の帳簿に信用を与えたり、紙幣を印刷したりすることで、支出を賄えるようになるというのは本当だろうか。ゲゼルは、スタンプ貨幣計画の下で、銀行預金の利子はなくなるだろうと考えこの疑問に肯定的に答えた。しかし、銀行の外にある貨幣は減価するため、預金貨幣は、預金されていない貨幣よりも、負の利子に相当するだけ高い価値を持つことで利ざやが発生する。銀行貸付における利子の問題はなお解決されていないのである。

ソディが商業銀行信用の観点から攻撃したときには、もっと広い視野で議論を行っていた。現在の経済生活においては、商業貸付の利子の支払いは貯蓄銀行の預金利子よりもずっと重要性が高い。ソディの見方では、利子は、銀行が信用創造の独占によって借り手から取り上げる手数料である。彼は銀行の所有権を政府の手に移し、利子の支払いは廃止しないが、政府によって管理され、政府に支払われるようにし、そうすることで利子が社会的負担ではなくなるだろうとした。

ソディの理論はゲゼルと同様に非現実的である。利子率は商業貸付にかかわる事務員の取扱費用を超えている。借り手が、将来のある時点の購買力を犠牲にする見返りに、現在の購買力を支払いたがる理由は、現在財の方が将来財よりも価値が高いとみなすためであり、それゆえに、現在財の使用に対して喜んで割増金を支払うのである。この時間選好は流動性選好とともに、利子がなぜ支払われるのかだけでなく、どれだけ支払われるのかについても説明するのである。

このような場合、価格システムが財の分配手段として作動する限り、借り手は喜んで割増金を支払うだろう。貸し手は借り手と同じ選好の影響を受けるため、現在財の損失が補償されない限り、貸さないだろう。現在財の価値の高さは、貸し手が銀行なのか政府なのかにかかわらず、費用として考慮されなければならない。個人が現在の消費と将来の消費との間で意思決定をしている場合でさえ、その選択が将来財を選好したとしても、待忍プレミアムは現在財の犠牲を十分に補償しなければならないために、費用が考慮されなければならない。

このような理由から、利子率または時間選好は、自国の資源の最適な利用を可能にするような工具や機械が設置されていない新興国において非常に高くなる。高い利子率は、消費の延期に対する報酬となるため、共同体のエネルギーの大部分が資本設備の生産に捧げられ、新しい資本設備が稼働するようになる将来時点では、より低廉な費用でより多くの生産を行うことが可能になるので、即時的な消費のための財の生産は次第に減らされていく。未開発の資源に係る高い利子率という現象は、政府の形態とも、所有制度とも関係がない。それは植民地時代のアメリカ、一九世紀のオーストラリア、現代の共産主義のロシアにおいて等しく見られるだろう。実際の利子の支払いが、植民地時代のアメリカではたいてい個人に対してなされ、オーストラリアではしばしば貸出銀行に対してなされ、共産主義のロシアでは常に国有銀行になされているということは大した問題ではない。政治的経済的諸制度は、借り手と貸し手に仲介機関を提供し、借入と貸付の機会を均等化する以外には、利子率に対してほとんど何もなしえない。ロシアでは、利子費用は国有企業から国有銀行に支払われる。しかし、一瞥して分かるように、このように資金の持ち手を移すことは国家にとっては不要である。ではなぜ利子は無視されるべきではないのだろうか。高度な資本設備が備えられ、将来財の生産のために現在財の生産をかなり犠牲にしてきた産業において生産された財は、利子が無視された場合よりも費用が少なくなるように思われる。資本設備にほとんど費用をかけ投資をしなかった産業は相対的に高い費用で生産することになるだろうし、実際には前者のグループに補助金を支払っていることになるだろう。

実質費用からは逃れられない

債権の借入に係る利子費用を避けながら政府が資金を調達するために、政府紙幣を印刷したり自分たちの銀行信用を発行したりする提案は、それが失敗するということ以上に悪いのはこうした理由による。現在財の真の社会的費用は、政府がそれを認めないだけで削減されることはない。政府が利子を支払わなければ、政府が購買している財に集中している利子がなくなり、すべての財に転嫁されるだろう。この点では、政府自身が公然と利子の支払いを節約したとしても、政府を構成している市民が別の方法でその費用を支払うことになるのである。現在財が将来財よりも価値が高いという事実からは逃れられないのだ。

このような理由に加えて、上述の財政支出に対する資金調達の安易な方法は、浪費への誘因となり、濫用への甘言となりかねず、かつて経験したことのなかったような危険を伴う。官職に就いている人々のためにパンとサーカスを与える誘惑に打ち克てる政府はほとんどない。それらが真の費用を下回る場合はとくにそうであろう。政府が現在の支出のために将来の購買力を借りなければならないのだとしたら、他の借り手がそうしなければならないように、将来財に対する真のプレミアムを支払う義務がある。利子の支払いを拒否して、その負担を避けることを政府に許すことは、製造業者から費用以下で物資を調達することを政府に認めることと同じくらい正当化しえない。いずれにしても、その費用は誰かが負担しなければならないのであるから、その費用負担をなんらかの方法で恣意的に分配することを許すよりは、その費用を財に直接に割り当てる方がずっと公平である。

それどころか、利子率が真の時間選好率を反映することが認められないと、経済均衡の深刻な攪乱が起こるかもしれない。この観点からは、利子率は、価格と同じように、貸し手と貸し手の間の資金流通の調整器として機能する。この調整器の機能が妨げられると、投資のための新規資金の配分は歪められかねず、いくつかの部門で騰貴が好調になるだろうが、他部門での堅実な事業はむしろ資金不足に悩まされるだろう。

信用経済において、それが資本主義の下にあろうと、統制的な国家形態の下にあろうと、財の生産者と分配者に短期信用を供与することに特化した制度がなければならない。もし生産費用が正しく配分されるならば、それが利子率という名称で呼ばれようとも、その他の名称で呼ばれようとも、時間選好率に従って現在の購買力の使用に対して支払われなければならない。あらゆる金融組織は、それらが最も効率的な方法で機能しているか否かを確かめるために、定期的な監視と評価を受けることが大いに望まれる。しかし、政府がこれらの費用を奪取し、銀行業と貸付に伴う費用を避けようとすることは社会を欺く自己欺瞞である。

社会が、通貨と銀行信用の操作によって経済的害悪を取り除こうとすることはいっそう悪い。ほとんどすべての国が、国内的な自給自足のようななんらかの非経済的目標を達成するために、費用を増大させ、市場を攪乱し、原材料の供給に影響を与え、生活水準を低下させるという罪を犯してきた。貨幣と銀行業に関するいかなる操作も、戦争と関税と為替管理によって引き起こされてきた過ちを是正することはできない。生活水準は、消費者が享受しうる財とサービスの増加によってのみ上昇させることができるものであり、財とサービスの値札を変えることによってではない。財とサービスは基本的要素である。生産に捧げられた経済システムにとって、貨幣と信用はあくまでも召使いなのであり、決して主人ではないのである。

註

第2章

（1）デーリング『クナップの貨幣論』。
（2）前掲書三五三、三五五頁。
（3）第五章を参照せよ。
（4）『貨幣の調節』序文。
（5）『自然的経済秩序』序文、xxiii頁。晩年になるにつれて、ゲゼルは完全なる無政府性を志向するようになり、想像上の国家を賞賛するパンフレットを書いた。そこには法も警察も社会保険もいかなる規制もなく、「母親同盟」によって自由貨幣と自由土地が管理されるとある。『国家の解体』と『国家の廃絶』を参照せよ。
（6）『自然的経済秩序』九三頁
（7）本書五九頁を参照せよ。
（8）『貨幣制度改革』二九頁、『自然的経済秩序』九三、二一九、二二五頁。
（9）『自然的経済秩序』二二五頁、脚注。
（10）『貨幣制度改革』三〇頁。
（11）本書三八頁を参照せよ。
（12）『自然的経済秩序』八〇～八一頁。

(13) 農産物の場合でさえいつもそういえるわけではない。かりに半球的な自由貿易があるとすると、供給は二年おきに見直されうる。最近の合衆国の政策は供給品を数年間にわたって市場から引き上げさせることになっている。
(14)『貨幣の調節』第一部。
(15)『自然的経済秩序』二三二頁。
(16)『自然的経済秩序』一五二頁。
(17) 本書六五頁を参照せよ。
(18) 本書三二〜三四頁を参照せよ。
(19) なかでも最も重要なものは一九〇五年に出版されたゲオルグ・フリードリッヒ・クナップの『貨幣国定説』であった。
(20)『自然的経済秩序』一二四〜一二六頁。
(21) ただし、ゲゼルは貯蓄銀行の「退蔵」という別の関連で言及している(『自然的経済秩序』一一四頁)。
(22)『自然的経済秩序』一一五〜一一六頁。また、『積極的通貨政策』(一四頁)と『金と自由』も参照せよ。
(23)『自然的経済秩序』二三五頁。
(24) 同上書、二三一〜二三三頁。
(25)『自然的経済秩序』二六三頁。
(26) 同上書、二二九〜二三〇頁。
(27)『自然的経済秩序』二四三頁。

(28) 同上書、二四四～二四五頁。
(29) 同上書、二七五頁。
(30) 同上書、二八一頁以降を参照せよ。
(31) 『自然的経済秩序』二六六頁。
(32) 同上書、二四〇頁。
(33) 同上書、二四八～二四九頁。
(34) 同上書、二五二～二五三頁。
(35) 『自然的経済秩序』一〇九頁。
(36) 「人民の運命における金の役割」『重農主義者』一九一三～一四年。なお、ウォレンとピアソンによる『金と物価』ではこの理論の擁護が試みられている。
(37) 『自然的経済秩序』一〇九頁。
(38) 『自然的経済秩序』九九、一〇三頁。
(39) 同上書、一〇二頁。
(40) 同上書、一〇三、一〇五頁。
(41) 同上書、一一八頁。
(42) 『貨幣制度改革』二九頁。
(43) 『貨幣の調節』第三部、『貨幣制度改革』三一頁。
(44) 『自然的経済秩序』一三六頁。
(45) ここでゲゼルは、この資金を現金で保有するのではなく銀行に預金することで減価を避けられる可能性があることを無視している。
(46)『自然的経済秩序』一六九〜一七〇頁。
(47)『自然的経済秩序』一一五頁。
(48)『積極的貨幣政策』七三頁。
(49)『貧困の独裁』。
(50)『国際価値協会、世界貿易の状況』、『帝国通貨局』。
(51)たとえば、一九一七年七月五日の講演『自由土地』を見よ。

第3章

(52)『富、仮想的富と負債』二六〜二七頁。
(53)『科学時代の終焉』七頁、『貨幣対人間』一三頁。
(54)「アメリカ版序文」『富、仮想的富と負債』(一九三三年)一頁。
(55)『ネイチャー』一一一号(一九二三年四月一四日)四九七〜四九八頁、(一九二三年五月一九日)六六九〜六七〇頁。
(56)『科学の衝撃』四頁、『富、仮想的富と負債』一三〇頁。
(57)同上書、一〇四頁。
(58)同上書、「アメリカ版への序文」(一九三三年)三頁。
(59)同上書、六二、八七頁。
(60)『富、仮想的富と負債』七四〜八三頁。二人の著者が選ばれたのは、恐らくキットソンの影響による。

キットソンは、貨幣について述べた自身の著作で、彼らをひとまとめに批判しているためである。
(61) 同上書、七七～八二頁。
(62) 同上書、一一八頁。
(63) 『富、仮想的富と負債』一三一、一三九頁。
(64) 同上書、一一三頁。しかし、別の一節では、ソディはマルクス派の理論を「交換のために生産される諸商品の価値はそれらの生産に必要な社会的労働時間によって決定される」（一〇一頁）と正確に述べている。
(65) 同上書、四九、二六九頁。
(66) 同上書、八七頁。
(67) 同上書、viii頁。
(68) 『デカルト派経済学』二七頁。
(69) 『富、仮想的富と負債』二七〇頁。
(70) 同上書、三〇一頁。
(71) 『富、仮想的富と負債』一三九、二〇五、二一四頁。ソディは仮想的富という用語を大文字で表記したりそうしなかったりしている。
(72) 同上書、二〇四頁。
(73) 同上書、一三九頁。
(74) 同上書、一四〇頁。
(75) これはラスキンからの引用で済まされている（前掲書一四頁）。

(76)『貨幣対人間』一九頁。
(77)『富、仮想的富と負債』iii頁。ソディのいう「新しい経済学者」とは「古い不足の経済学ではなく、新しい豊富の経済学の思想を信じている学派」である。この学派には、ダグラス少佐、アーサー・キットソン、テクノクラート等々の支持者が含まれている。
(78)同上書、一三八頁。
(79)『富、仮想的富と負債』二一四〜二一五頁。
(80)同上書、二一六頁。
(81)同上書、「序文」一頁。
(82)『富、仮想的富と負債』一五七頁。
(83)同上書、二〇三頁。
(84)同上書、八〇、一九八頁、『科学の顚倒』三一頁。
(85)『富、仮想的富と負債』一四七頁、『科学の顚倒』三〇頁。
(86)『科学の顚倒』(一九二四年)二三頁、『富、仮想的富と負債』一五一頁、『デカルト派経済学』(一九二二年)二九頁。
(87)『富、仮想的富と負債』一五五頁。ソディは、銀行の預金準備が現金の預入によって構成されていると仮定している。この仮定では、現代の銀行業が置かれた状況下では、銀行は、借入、資産売却によっても準備金を構成するかもしれない、ということが無視されている。合衆国では、預金は需要から時間の範疇に移行している。したがって、状況は、彼がこれまで想定していたよりも複雑になっている。

(88)『科学の顚倒』二二一頁、『富、仮想的富と負債』一七四頁、『貨幣対人間』一〇二頁。
(89)『科学の顚倒』二二一頁。
(90)同上書、二二一頁。
(91)『富、仮想的富と負債』二九八頁。
(92)『富、仮想的富と負債』一五三頁。

第4章

(93)『金融および産業に関する調査委員会議事録』(一九三一年)第一巻、二九九頁。
(94)『信用力と民主主義』一三二頁。
(95)『経済民主主義』三一頁。
(96)同上書、五三頁。
(97)『信用力と民主主義』一五〜六頁
(98)『生産の統制と分配』七八〜九頁、『経済民主主義』四三頁。
(99)同上書、三一頁、『信用の独占』三二〜三三頁も参照せよ。
(100)同上書、六五〜六六頁。
(101)『生産の統制と分配』一九頁。
(102)前掲書、一九〜二〇頁。強調はダグラスによる。
(103)『生産の統制と分配』一八頁。
(104)『経済民主主義』一四一頁。

(105)『現状への不満』一九頁。
(106)前掲書、一九頁。
(107)『民主主義への警鐘』一〇二頁。
(108)『信用力と民主主義』三一頁。
(109)『信用の独占』四〇、四三頁。
(110)前掲書、四四頁。
(111)前掲書、五〇四頁。
(112)『民主主義への警鐘』五七～五九、一七五頁。
(113)『経済民主主義』六二頁。同様の記述は『現状への不満』(一〇頁)にも見られる。
(114)『生産の統制と分配』一八頁。
(115)前掲書、一三二頁。
(116)前掲書、七三頁。
(117)前掲書、一九〇頁。
(118)前掲書、四七五頁。
(119)一九三一年に出版された『民主主義への警鐘』(一〇七頁)には、一九二五年に発表された講演録が所収されている。
(120)『生産の統制と分配』一九頁。
(121)『経済民主主義』六七～六八頁。これが真実であると述べた最初の言及は『信用力と民主主義』(二一頁)であろう。そこではこのような趣旨の言説が引用されている。

(122) 前掲書、二三二頁。
(123) 前掲書、二三六頁。
(124) 『経済民主主義』六七頁、『生産の統制と分配』二二三頁。
(125) 前掲書、一九、一一九頁、等々。
(126) 前掲書、二一〇頁。
(127) 『経済民主主義』七二頁、イタリックは原文による。『社会信用』八七頁。この証明は『信用の独占』(一四一頁)でも繰り返されている。
(128) 『貨幣の使用』一七頁、『民主主義への警鐘』二六〜二七頁、『経済民主主義』一一九頁。
(129) 『貨幣の使用』二二頁、『社会信用』一〇四頁。
(130) 『信用の独占』二三、七三頁(この最後の文は一九三一年版で削除された)。『民主主義への警鐘』一四四頁、註。
(131) 『雇用制度の崩壊』八頁。
(132) 『経済民主主義』一一九頁。
(133) 『社会信用』第二部第三章、『雇用制度の崩壊』一〇頁。
(134) 『生産の統制と分配』一五頁。
(135) 『信用力と民主主義』三七、四一頁。
(136) 同上書、一二八頁。
(137) 『信用力と民主主義』七四頁。
(138) 『経済民主主義』一二三、一三二頁、『生産の統制と分配』三〇頁。

(139)『経済民主主義』一三二頁。
(140)『信用力と民主主義』一二六頁、『社会信用』二一一頁。
(141)『信用力と民主主義』八九頁。
(142)『経済民主主義』一三五頁。
(143)『民主主義への警告』四八〜四九頁。
(144)『信用力と民主主義』一三七頁。
(145)『経済民主主義』一二五頁。
(146)前掲書、四九一頁。
(147)『信用力と民主主義』付録。
(148)『ニュージーランド下院議事録補遺、第二四回議会』第一巻、一九三三〜三四年。「今日の世界にはただ一つの好況がある。つまり『銀行業』とその双子の姉妹である『保険業』である」(『民主主義への警鐘』一四七頁)という一九二九年のダグラスの言説と比べてみよ。
(149)『カナダ下院の銀行業と商業に関する特別常任委員会議事録』一九三四年、四六九、四八五、四八七頁。
(150)『社会信用』三〇頁、『雇用制度の崩壊』一二頁、『民主主義への警鐘』七〇、一五五、一六一頁、『生産の統制と分配』一二一頁。

第5章

(151)ヴェゲリン『交換社会主義と自由貨幣』、ゾンダレッガー『オーストリアの救出』、フィッシャー『スタンプ代用紙幣』、コールセン「ヴェーラ」『新共和国』(一九三二年八月一〇日)、『ニューヨークタイムズ』(一九三一年三月二九日)三節、四頁。

(152)『オーストリアの経済学者』(一九三一年四月一六日)六九三頁、『ニューヨークタイムズ』(一九三一年四月一〇日)一六頁、(四月一七日)二頁。

(153)ブルグスタラー『ヴェルグルの実験』、フォン・ムラルト「ヴェルグルの減価貨幣の実験」『安定した生活』(一九三三年)、『ニューヨークタイムズ』(一九三三年八月二七日)九頁。

(154)『ニューヨークタイムズ目録』(一九三二、一九三三年)、フィッシャー『スタンプ代用紙幣』。

(155)『ニューヨークタイムズ』(一九三八年六月五日)。

(156)『ニューヨークタイムズ』(一九三八年九月三〇日)。

(157)ダグラスは一九二三年にカナダ議会にも参考人として招致されている。

(158)『ニューヨークタイムズ』随所に。

参照文献

Angell, James W. "The 100 Per Cent Reserve Plan". *Quarterly Journal of Economics*. Vol. L, November, 1935.

Bethge, Willi. *Die Freigeldlehre Silvio Gesells*. Cöthen in Anhalt, 1927.

Bradford, Frederick A. "Social Credit: The Alberta Plan". *Economists' National Committee on Monetary Policy*. New York, 1936.

Büchi, John Henry. *Free Money: A Way Out of the Money Maze*. London, 1933.

Burgstaller, Hans. *Das Wörgler Beispiel*. Kitzbühel, 1933.

Cohrssen, Hans."Wara". *The New Republic*. August 10, 1932.

Currie, Lauchlin. *The Supply and Control of Money in the United States*. Cambridge, 1934.

Döring, Herbert. *Die Geldtheorien seit Knapp*. Greifswald, 1922.

Douglas, Clifford Hugh. *The Alberta Experiment: An Interim Survey*. London, 1937.

—— *The Approach to Reality. Address to Social Creditors at Westminster*. March 7, 1936.

—— *The Breakdown of the Employment System*. Speech, January 21, 1923.

—— *The Control and Distribution of Production*. London, 1922.

—— *Credit-Power and Democracy, with a Draft Scheme for the Mining Industry*. London, 1920.

—— *The Douglas Theory: A Reply to Mr. J. A. Hobson*. London, 1922.

—— *Economic Democracy*. London, 1920.（宮沢さかえ訳「経済民主主義」上中下、『自由経済研究』第32・33・35号、二〇〇八、二〇〇九年）

—— *The Monopoly of Credit*. London, 1931.

—— "The Nature of Democracy". *Pamphlets on the New Economics*, No. 2. London, 1934.

—— *The New and the Old Economics. A Reply to Professor D. B. Copland and Professor Lionel Robbins*. Edinburgh, 1936.（宮沢さかえ訳「新・旧経済学」『自由経済研究』第31号、二〇〇八年）

—— *Social Credit*. London, 1924.

—— *These Present Discontents, and The Labour Party and Social Credit*. London, 1924.

—— *Unemployment and Waste*. London, 1923.

—— "The Use of Money". *Pamphlets on the New Economics*, No. 1. London, 1934.

—— *Warning Democracy*. London, 1931.

Testimony in:

—— *Minutes of Evidence Taken before the Committee on Finance and Industry (the Macmillan Committee)*, London, 1931.

—— *Proceedings of the Select Standing Committee on Banking and Commerce, of the House of Commons of* Canada, 1923.

—— *Proceedings of the Select Standing Committee on Banking and Commerce, of the House of Commons of Canada*, March 6, 1934, to June 14, 1934.

—— *Evidence Taken by the Agriculture, Colonization, Immigration and Education Committee of the Legislative Assembly of Alberta, on the Douglas System of Social Credit*, 1934.

—— *Appendix to the Journal of the House of Representatives of New Zealand, 24th Session*, Vol. I, 1933–34.

Fisher, Irving. *100 Per Cent Money*. New York, 1935.

—— *Stable Money*. New York, 1934.

—— *Stamp Scrip*. New York, 1933.

Gesell, Silvio. *Der Abbau des Staates nach Einführung der Volksherrschaft. Denkschrift an die in Weimar versammelten Nationalräte*. Berlin-Steglitz, 1919.

—— *Der abgebaute Staat: Leben und Treiben in einem gesetzund sittenlosen hochstrebenden Kulturvolk*. Berlin-Friedenau, 1927.

—— *Aktive Währungspolitik, eine neue Orientierung auf dem Notenemission*. Berlin, 1909.

—— *Die Anpassung des Geldes und seiner Verwaltung an die Bedürfnisse des modernen Verkehrs*. Buenos Aires, 1897.

—— *Die argentinische Geldwirtschaft und ihre Lehren*. Braunschweig-Berlin, 1900.

—— *Die Ausbeutung, ihre Ursachen und ihre Bekämpfung (eine Gegenüberstellung meiner Kapitaltheorie und von derjenigen Karl Marx)*. Erfurt-Leipzig, 1922.（相田愼一訳「搾取とその原因、そしてそれとの闘争：私の資本理論とマルクスの資本理論との対決」『カウツキー・レンナー・ゲゼル『資本論』の読み方』ぱる出版、二〇〇六年）

—— *Die Diktatur der Not*. Erfurt und Bern, 1922.

—— *Freiland, die eherne Forderung des Friedens*. Erfurt, 1921.

—— *Gold und Frieden*. Berlin-Steglitz, 1919.

——*International Valuta Assoziation, Voraussetzung des Weltfreihandels*. Sontra-in-Hessen, 1920.

——*Kannte Moses das Pulver? Eine zeitgemässe Kritik der moralischen, hygienischen und sozialen Vorschriften Moses*. Altona (Elbe), 1907.

——*Das Monopol der Schweizerischen Notenbank*. Bern, 1901.

——*The Natural Economic Order*. Berlin-Frohnau, 1929.（相田愼一訳『自由地と自由貨幣による自然的経済秩序』ぱる出版、二〇〇七年）

——*Die natürliche Wirtschaftsordnung durch Freiland und Freigeld*. Les Hauts Geneveys, 1916.

——*Die neue Lehre von Geld und Zins*. Berlin, 1911.

——*La plétoria monetaria de 1909 y la anemia monetaria de 1898*. Buenos Aires, 1909.

——*La razon economica del desacuerdo chileno-argentino*. Buenos Aires, 1898.

——*Die Reformation im Münzwesen als Brücke zum sozialen Staat*. Buenos Aires, 1891.（相田愼一訳「『社会国家に架橋するものとしての貨幣改革』（一八九一年）」『自由経済研究』第38号、二〇一三年）

——*Das Reichswährungsamt. Rehbrücke bei Berlin*, 1920.

——*Die Rolle des Geldes in den Geschicken der Völker*. Berlin-Lichterfelde, 1912.

——*Die Verstaatlichung des Geldes*. Buenos Aires, 1892.（相田愼一訳「『貨幣の国営化：貨幣改革のための続編第二部』（一八九二年）」上下、『専修経済学論集』第48巻第2号・第49巻第1号、二〇一三年・二〇一四年』

——*Die Verwirklichung des Rechtes auf den vollen Arbeitsvertrag durch die Geld- und Bodenreform*. Leipzig, 1906.

—— *Zinsfreie Darlehen (Unentgeltlichkeit des Kredits) vom Standpunkt des Real- und Geldkapitals aus Untersucht*. Bern, 1904.

—— Articles by Gesell also appeared in the following periodicals: *Bankwissenschaft*, 1926; *Freiwirtschaft*, 1922, 1926; *Deutsche Oekonomist*, 1928; *Konjunctur*, 1922; *Der Physiokrat*, 1912–15; *Zahlungsverkehr und Bankbetrieb*.

Graham, Frank D. "Partial Reserve Money and the 100 Per Cent Proposal", *American Economic Review*, Vol. XXVI, September, 1936.

Keynes, John Maynard. *The General Theory of Employment, Interest and Money*. New York, 1936.（塩野谷祐一訳『雇用・利子および貨幣の一般理論』東洋経済新報社、一九九五年）

Knapp, Georg Friedrich. *Die staatliche Theorie des Geldes*. Leipsic, 1905.（宮田喜代藏訳『貨幣國定學説』有明書房、一九八八年）

Langelütke, H. *Tauschbank und Schwundgeld als Wege zur zinslosen Wirtschaft*. Jena, 1925.

Lehman, Fritz. "100 Per Cent Money". *Social Research*, February, 1936.

Mairet, Philip. *The Douglas Manual*. New York, 1934.

Muralt, Alex von. "Der Wörgler Versuch mit Schwundgeld", *Das ständisches Leben*, Vol. III, 1933.

Nourse, Edwin G. and associates. *America's Capacity to Produce*. Washington, 1934.（武石勉訳『アメリカの生産能力』博文館、一九四二年）

Oppenheimer, Franz. *Freiland-Freigeld: Kritik der Geld- und Krisentheorie Silvio Gesells*. Charlottenburg, 1935.

Pick, Walter. *Die Zinstheorie Silvio Gesells*. Marburg, 1930.

Schwarz, Fritz. *Segen und Fluch des Geldes in der Geschichte der Völker*. Bern, 1931.（ゲゼル研究会訳「ヴェルグルの実験」（1）、『自由経済研究』第12号、一九八八年）

Simons, Henry and associates. *A Program for Laissez-Faire*. Chicago, 1934.

Soddy, Sir Frederick. *Cartesian Economics: The Bearing of Physical Science upon State Stewardship*. London, 1922.（宮沢さかえ訳「国家財産の管理に対する物理科学の関係」上下、『自由経済研究』第29・30号、二〇〇四年）

——*The Impact of Science upon an Old Civilization*. London, 1928.

——*The Inversion of Science and a Scheme of Scientific Reformation*. London, 1924.

——*Money: A Lecture to the Oxford City Labour Party*. Bournemouth, 1923.

——*Money versus Man: A Statement of the World Problem from the Standpoint of the New Economics*. London, 1931.

——*Poverty Old and New*. London, 1932.

——*The Rôle of Money: What it Should Be, Contrasted with What It Has Become*. London, 1934.

——*Science and Life*. London, 1920.

——*Wealth, Virtual Wealth and Debt: The Solution of the Economic Paradox*. London, 1926.

——*The Wrecking of a Scientific Age*. London, 1927.

——Articles in: Nature: *A Weekly Illrutstrated Journal of Science*. London, between 1919 and 1930; *The Living Age*, London in 1934.

Sonderegger, Hans Konrad. *Die Rettung Oesterreichs*. Kitzbühel, 1933.

Warren, George F. and Pearson, F. A. *Gold and Prices*. New York, 1935.

Wegelin. *Tauschsozialismus und Freigeld*. Berlin, 1921.

訳者あとがき

『社会改革のための貨幣上の諸提案　ゲゼル、ソディ、ダグラスの理論と実践』には、一九九六年～二〇〇八年にかけて『自由経済研究』誌に発表された九本の翻訳がある。そのため、本書には既に翻訳があり全文が読めるようになっている。しかし今回、ぱる出版の奥澤邦成氏から一冊の単著としてまとまって読めるかたちにしたいという依頼があり、訳者が引き受けた。本書の翻訳作業は、基本的には既訳を尊重して進めたが、四名の既訳者によって様々な時期に提出された訳文を整えることはせず、訳者の判断で自由に訳出した。原著の出版から七八年が経ち、日本の地域通貨ブームが過ぎ去ってから二〇年も経とうとしている。近年の日本では、ゲゼル、ソディ、ダグラスは、地域通貨という枠組みの中で読まれてきたという嫌いがある。しかし、ブームが去ったことで、むしろ冷静に評価しうる時期がきたのではないかと思われる。

金融史の研究者として有名な原著者が、ゲゼル、ソディ、ダグラスのような異端の経済思想家を取り扱っていたということはあまり知られていない。管見の限り、出版時にポール・サミュエルソンがとあるジャーナルで書名を紹介しているのみである。マイヤーズの歴史実証主義は、冷徹とも言えるほどの鋭利な分析を提示している。その内容は、ゲゼル、ソディ、ダグラスの三者が地域通貨論者である、という通説的な理解とは隔たっている。それゆえ、ある程度知識のある読者からは多少の驚きを持って受け止められるかもしれない。

本書は、ゲゼル、ソディ、ダグラスの理論・思想・実践がどのようなものであったのかをもう一度振り返り、反省するための貴重な視点を提供している。恐らく読者は、地域通貨という認識枠組みからいったん離れて読む必要に気づくであろう。そして、三者が当時考え、取り組もうとしていた実践と、それを受け取る現代の人びとの解釈との距離を感じるのではないだろうか。この点もまた本書の醍醐味であり、いまなお新鮮さを失っていない理由である。

本書の訳出に際しては、ゲゼル研究会の森野榮一氏と相田愼一氏から貴重な助言を頂いた。両者のゲゼル研究の蓄積がなければ本書の内容を十分に理解することはできなかった。そして、ぱる出版の奥澤邦成氏の激励がなければ短期間で翻訳を仕上げることは叶わなかったであろう。お三方には記してお礼を申し上げたい。

初出一覧
森野榮一訳「社会改革のための貨幣上の諸提案」『自由経済研究』第5号、一九六六年
森野榮一訳「シルビオ・ゲゼルとスタンプ貨幣の提案（上・中・下）」『自由経済研究』第6－8号、一九九六年
鮫島正伸訳「フレデリック・ソディと一〇〇％準備計画」『自由経済研究』第30号、二〇〇四年
相田愼一訳「C・H・ダグラスと信用の社会化（上・下）」『自由経済研究』第31号・32号、二〇〇八年
宮沢さかえ訳「貨幣改革―実際の経験」『自由経済研究』第12号、一九九八年
宮沢さかえ訳「貨幣管理の諸限界」『自由経済研究』第17号、二〇〇〇年

わ行

アルファベット, 数字

ま行

や行

ら行

な行

は行

た行

索　引

あ行

か行

マーガレット・G・マイヤーズ (Margaret G. Myers, 1899-1988)
マイヤーズは1934～64年にかけてヴァッサー・カレッジで教鞭を執った。著書に、*Origins and Development* (The New York Money Market, edited by Benjamin Haggott Beckhart, Vol. 1), New York: Columbia University Press, 1931, *Paris as a Financial Centre*, New York: Columbia University Press, 1936, *Monetary Proposals for Social Reform*, New York: Columbia University Press, 1940, *A Financial History of the United States*, New York: Columbia University Press, 1970.（吹春寛一訳『アメリカ金融史』日本図書センター、1979年）がある。我が国でも高く評価された『アメリカ金融史』の背景には、ニューヨークやパリといった金融センターから、本書で扱われたオルタナティブ金融までをカバーする戦前の包括的な研究蓄積がある。

結城剛志
埼玉大学大学院人文社会科学研究科准教授。著書に『労働証券論の歴史的位相：貨幣と市場をめぐるヴィジョン』（日本評論社、2013年）などがある。

社会改革のための貨幣上の諸提案 ゲゼル、ソディ、ダグラスの理論と実践

2018年10月17日　　初版発行

著　者　マーガレット・G・マイヤーズ
訳　者　結　城　剛　志
発行者　奥　沢　邦　成
発行所　株式会社ぱる出版
〒160-0011　東京都新宿区若葉1-9-16
電話 03(3353)2835（代表）振替 東京 00100-3-131586
FAX 03(3353)2826　　印刷・製本　中央精版印刷㈱

ISBN 978-4-8272-1133-7 C3033